JN222819

社会貢献の経済学

NPOとフィランソロピー

塩澤修平

芦書房

まえがき

本書は、望ましい社会の在り方について、とくに何を民間で行い何を官が行うべきかという官と民の分担の観点から、国家や市場の機能と限界を問いながら、主として経済学の論理を用いて体系的に考察する試みである。

NPO（Non Profit Organization）、個人ボランティア、あるいは企業フィランソロピー（philanthropy）といった民間非営利セクターによる社会貢献活動は、価値観の多様化した成熟社会では、日常においても、震災などの非常時においても、ますますその重要性が高まってきているといえる。

ここでは、社会の仕組みを市場システム（自助）・政治システム（公助）・狭義の社会システム（共助）と捉え、さまざまな社会的課題に対して、どのようなシステムが対応することが望ましいかを比較・考察するため、市場機構ならびに公共部門を補完する民間非営利セクターの現状ならびにその社会的役割と意義を、経済学的な観点から検討する。

本書は5部から成り、第Ⅰ部は「総合社会システムと問題の所在」として、「市場システム（自助）」「政治システム（公助）」「狭義社会システム（共助）」という各システムの特徴を取り上げ、また市場機構に対する批判と反論、社会貢献の思想的背景を考察する。

第Ⅱ部は「利己的行動の下における市場機構の効率性と限界」として、厚生経済学的観点から市場機構の効率性、市場の失敗、市場機構補完の試みについて考察する。

第Ⅲ部は「利他的行動の基礎理論」として、利他的選好に基づいた分配社会システムや自発的所得再分配について理論的に考察する。

第Ⅳ部は「民間非営利組織と社会的企業」として、NPOと社会的企業の基本要件と行動について考察する。

　第Ⅴ部は「営利企業の社会的責任」として、営利企業の社会的責任と社会貢献活動および社会的責任投資について考察し、最終章では本書全体の議論を踏まえて、営利企業、NPOおよび政府の行動を、社会的便益の観点から理論的に比較検討する。

　本書は、筆者がこれまで行ってきた企業の社会貢献活動やNPO、社会的企業の行動に関する理論的研究と、過去数年にわたり慶應義塾大学経済学部で行った「NPO経済論」の講義内容に基づいている。

　何を民間が行い、何を国家に任せるかは、明治維新期に独立の維持という観点から福澤諭吉が提起して以来の古くて新しい重要な問題である。ささやかながら本書がそれを考察する一助になれば幸いである。

　なお本書を刊行するにあたり芦書房の佐藤隆光氏には大変ご尽力頂いた。

塩澤修平

目　次

第Ⅰ部　総合社会システムと問題の所在

第 1 章

総合社会システム

1-1 市場システム・政治システム・狭義社会システム
—— 市場（自助）、政治（公助）、狭義社会（共助）

広義の社会システム

社会におけるさまざまな制度や仕組みを広義の社会システムと呼ぼう。広義の社会システムは、①市場システム（自助システム）、②政治システム（公助システム）、そして③狭義社会システム（共助システム）に大別することができる。

市場システム

市場システム（自助システム）とは、家計や企業などの個別意思決定主体が、自発的意思に基づいてさまざまな取引を行う場である市場と、それを規定する法律や制度などを指す。主として利己的な動機に基づいて、生産や消費が行われ、社会における資源配分の多くが決められている。

長所としては、後に考察する厚生経済学の基本定理で示されるような資源配分の効率性、経済的選択の自由、多様性、柔軟性などが挙げられる。短所は、外部性などにより市場が存在しない場合や、独占などによって競争条件が満たされていない場合は効率的な資源配分が達成されないこと、あるいは分配の不平等さや社会の構成員の間での格差などが挙げられる。

政治システム

　政治システム（公助システム）とは、中央政府や地方自治体などの行動主体により、法律や条例に基づいて強制力をともなう形で、国防や治安の維持などを担う仕組みを指す。その正統性すなわち強制力の根拠、および機能は多くの国々において普通選挙による議会制民主主義に基づいており、立法、行政、司法に分けられる。政府や自治体は市場システムの欠陥を補完するために、課税やさまざまな規制などの形で資源配分問題に介入する。それは国防など市場システムや狭義社会システムでは不可能なサービスを供給することと、所得の再分配、市場におけるルール作りといった形態をとる。政治システムの長所は普遍性と公平性、継続性などであり、短所は画一性、硬直性などである。

狭義社会システム

　狭義社会システム（共助システム）とは、人間の愛や利他性あるいは相互性に基づき、非営利組織や個人ボランティアあるいは企業の社会貢献活動の形で、市場システムや政治システムでは十分に供給されないような財・サービスが提供され消費される仕組を指す。そこでは法律だけでなく、社会的な慣習や暗黙の契約によって秩序が保たれている。狭義社会システムの長所は人間愛や思いやりに基づく統合機能などであり、短所は個性の抑圧、実質的な集団的強制、部外者に対する事実上の差別と排除などである。

システム間の役割分担と補完

　これらのシステムは、さまざまな社会的課題に対して、単独あるいは部分的に重なり合って対応していると考えられる（図1－1）。市場システムと政治システムが重なる部分は、たとえば社会保障のもとで機能する医療

システムである。医療費のかなりの部分は政治システムの一環である医療保険によって負担されるが、医療機関は患者が市場システムのなかで自由に選択することができる。政治システムと狭義社会システムが重なる部分は、公的福祉とボランティアの協力による高齢者介護などがあり、狭義社会システムと市場システムが重なる部分は営利企業の社会貢献活動などが挙げられる。営利企業が市場システムにおいて獲得した情報や技術を、非営利的な社会貢献活動に用い、それがまた長期的な利潤に結びつくような場合である。

図1－1．総合社会システム

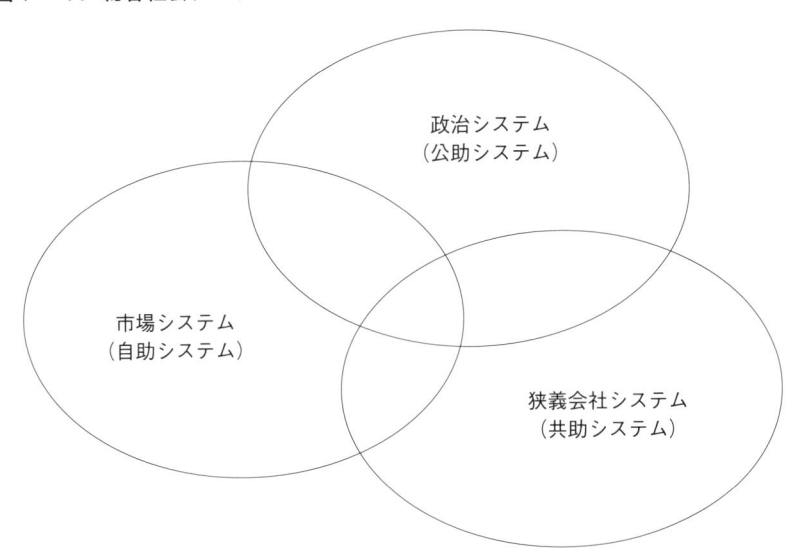

それぞれのシステムの特徴を踏まえた上で、どのような社会的課題に対しては、どのようなシステムと行動主体、あるいはその組み合わせが対応すればよいかを考察する。

　政府でしか対応できないこと、市場によって最も効率的に対応できること、非営利組織やボランティアあるいは営利企業の社会貢献活動によってよりきめ細かく対応できることなど、解決を要すべき問題によって、適するシステムあるいは行動主体は異なる。それらを考察することが本書の基本的な課題である。

1-2　システムの適合性を判断する際の基準あるいは留意点

システムの適合性

　それぞれのシステムは異なる特質をもっている。どのような社会的課題に対して、どのシステムでの対応が望ましいかを判断する際に基準となる事柄、また留意すべき点を以下で考察する。それを踏まえて、最適と考えるシステムによって課題の解決を図ることが望ましいと思われる。

誘因の付与 ── 参加主体にどのような誘因を与える仕組みになっているか

　何らかの目的を達成するためには、参加主体が自発的に行動するような誘因が与えられていなければ持続可能とはいえない。誘因には金銭などの経済的利益、名誉、生き甲斐、楽しみなどの非経済的利益が考えられる。

　格差の是正といった、結果の平等を重視しすぎると、富を生み出すための誘因が損なわれる。努力が相応に報われる社会でないと、人々の努力は続かない。市場システムは、生産者相互の競争と消費者の選択の自由に

よって、質の高い財を低価格で供給することに対する、利潤という形の経済的な面での誘因が得られやすいシステムといえる。非経済的な、名誉などの誘因は、学術や芸術などさまざまな分野での叙勲や顕彰制度をもつ政治システムがその付与に適しているといえるが、他方で民間の財団などによる各種の権威ある「賞」も存在する。

必要な情報の質と量 —— どのような情報が必要か

何らかの目的を達成するためには、相応の情報が必要である。必要とされる情報量は、目的およびそれを達成するためのシステムによって異なる。例えば市場を活用せずに、政治システムで経済運営までも行う計画経済体制では、各消費者の選好および能力、生産技術などに関する膨大な情報が必要となる。これに対して市場システムであれば、市場における価格に多くの情報が集約される。基本的に他人の選好や能力を直接知る必要はない。

ただし、市場システムにおける多くの営利企業は、利潤獲得のために顧客や技術に関する多くの情報とその分析能力を有している。それが、狭義社会システムにおける営利企業の社会貢献活動にも効力を発揮し、非営利活動を基礎とするNPOにはない優位性をもつと考えられる。

政治システムにおいては、国民の選好に関する情報は選挙によって顕され、共有される。その情報に基づいてさまざまな法律や政策が立案され、実行される。ただし、有権者が自分たちの選好について必ずしもつねに真の情報をもっているとは限らない。

強制力 —— どの主体がどのような強制力をもっているか

市場システムや狭義社会システムは、基本的に参加主体の自発的な行動に基づいているが、それらの主体は他者に対する強制力はもっていない。

しかし、それらのシステムが有効に機能するためには、自発的な行動の自由を保障する、社会の秩序が維持されなければならず、そのためには強制力が必要となる。すなわち、強盗などの参加主体の意思に反する行動を抑制し排除しなければならない。政治システムは、その強制力をもった組織を含む主体から構成されている。非合法行為を取り締まり、あるいは抑止力によってそうした行為を未然に防いでいる。他方で通常、法的あるいは実質的な強制力は、相互にチェック機能が働くような仕組みになっている。

意思決定過程 —— 誰が、いつ、どのように決定するか

意思決定に関して、迅速性、透明性、責任の所在などを考慮する必要がある。

市場システムでは、供給者、需要者ともに自己責任に基づいて決定する。迅速性はきわめて重視されているといえる。それは、消費者の選好や技術の変化に対応する意思決定の迅速性が利潤の獲得に密接に関係しているからである。透明性については企業ごとに異なるといえるが、株式会社の場合には株主総会などの場で適切な対応が求められている。

政治システムでは、選挙や議会の審議が基礎になる。議会・行政組織が、選挙によって反映されると考えられる、構成員の意思を考慮して決定する。それらは、迅速性があるとはいえないが、透明性や責任の所在は相応に明確である。ただし、法律の範囲内における行政の実務に関しては、透明性や責任の所在が明確でない場合が多い。東京都の築地市場移転問題がその典型といえる。意思決定の各段階での責任者が明らかではない。また、前述したように有権者が真の情報や専門的な知識を有しているとは限らない。

狭義社会システムでは、NPOなどの参加主体によって意思決定過程は

それぞれ異なり、透明性や責任の所在は必ずしも明確ではない。営利企業の社会貢献活動の場合には、市場システムと同様の意思決定がなされると考えられる。

リスクへの対処 —— 誰が、どのように対応するか

一般にリスクとは、将来の時点で何が起こるかわからない不確実性が存在するなかで、何らかの形で確率的に予想が可能な状況を指す。地震や台風といった自然災害、あるいはテロ、領海・領空侵犯など、さまざまなリスクに備えて対処することはきわめて重要な社会的課題である。

政治システムは、社会構成員の生命財産に対する直接的な危機に対応する基本的な役割を果たすことが期待されている。テロにおける容疑者の拘束など、非常事態における危険かつ強制力をともなう行動は、政治システム以外のシステムでは取ることが通常きわめて困難である。

市場システムにおけるリスクへの対処は、さまざまな保険関連商品や危機に対応した財・サービスの供給によって自発的になされている。

市場システムと狭義社会システムは、非常事態において政治システムの補完として、本来は営利目的で生産された、必要とされる財・サービスを非営利ベースで供給する役割が期待されている。

1-3 各システムにおける意思決定主体の行動原理

市場システム

営利企業：技術的制約の下で利潤最大化あるいは発行済み株式価値の最大化を目的とすると考えられる。どの程度の時間軸で目的達成の度合いを評価するかは企業によって異なり、経営姿勢に関係する。きわめて短期的な利潤最大化行動か、中長期的な視野をもつかで、投資行動や社会貢献活

動などは大きく異なる。これについては第Ⅴ部でより詳しく考察する。また、従業員と経営者、あるいは経営者と株主の間で情報の共有と利害の一致が必ずしも確保されておらず、プリンシパル・エージェント（principal-agent）問題がしばしば生じる。

　個人（消費者）：予算制約の下で効用最大化を目的とすると考えられる。ここでもどのような時間軸で目的達成の度合いを評価するかは行動に影響する。それは、現在の財と将来の時点で入手可能な財を相対的にどのように評価するかという、心理的・主観的要素である時間選好という概念で考察することができる。

政治システム

　政府・自治体：世論、選挙の結果に基づき、あるべき社会の実現を目指すと考えられる。

　個人（一般公務員など）：組織内での評価、法的制約の下での使命感などを含む独自の目的関数の最大化と考えられる。

　議会・議員：世論、選挙における得票、選挙を通じたあるべき社会の状態の実現を目指すと考えられる。

狭義社会システム

　NPO：使命感、問題意識などを含む独自の目的関数最大化と考えられる。

　個人（ボランティアなど）：利他的効用、すなわち自分の消費だけでなく他人の消費や他者への寄付そのものから得られる効用の最大化を目的とすると考えられる。

　営利企業：社会的責任、社会貢献活動により長期的利潤の最大化を目指す「見識ある自己利益」に基づくものと考えられる。

これらについては第Ⅴ部第14章でより詳しく考察する。

1-4 各システムにおける意思決定主体に対する評価基準

市場システム

営利企業：利潤、配当、株価などであり、明確な数値によって表され、原則的に公開情報として開示されている。

政治システム

政府・自治体・首長：選挙における得票、あるいは支持率などであり、それらは一般に公開情報である。

個人（一般公務員など）：個人の組織内での地位が1つの基準と考えられる。

議会・議員：個人にとっては選挙における得票数と当落であり、政党にとっては当選人数である。

狭義社会システム

NPO：その組織に対する寄付額が、社会によるある種の評価を表す。1つの方法はパブリック・サポート・テスト（Public Support Test：PST）と呼ばれるもので、組織の経常収入に占める寄付金などの収入の比率を計算する。PSTは、公益性の評価は政府部門ではなく民間部門が行うという考えに基づいている。他方、組織の活動による目的達成の効果については、いろいろな研究がなされているが、多くの場合、実際の測定は難しい。

営利企業：顧客や労働市場における社会的評価や長期利潤額が基準と考

えられるが、長期をどのように捉えるかという問題がある。株価は本来、市場システムに関しての評価であるが、社会貢献活動などの狭義社会システムに関しての評価も反映されていると考えられる。

第2章
市場機構に対する批判と反論

2-1 財の質

利潤の追求が財の質を低下させるか

　批判：『市場および競争を重視することにより、拝金主義の風潮が蔓延し、大切なものが失われた。利潤を追求する民間企業は、経費を削減するため供給する財の質を落とし、劣悪な財が消費者にわたる』。

　市場は基本的に参加者の自由な意思が尊重されなければならない。自由な意思が尊重されるためにはルールの設定が必要であり、ルール違反を容認するものではない。市場が成立し機能するためには、設定されたルールに違犯した者を罰する社会的な仕組みが求められる。そのためには強制力が必要となる。その枠組みのなかでの自由であり、経済学はそうした社会的枠組みの必要性を強調するものである。

批判の背景

　こうした批判の背景には、現状を「ゼロサム社会」とみなす発想があるといえる。富の源泉を農業などの一次産業のみと考えれば、富の総和は一定で社会はゼロサムとなり、利潤を上げることが倫理的に悪となる。ゼロサム社会においては、誰かが得をすれば誰かが損をするからである。したがって利潤を上げることは倫理的にもよくないことになる。

　こうした観点の上に後述する「武士道」があった。武士道のもつ高い倫

理性は評価されるが、ゼロサム社会と見る発想は、そうした武士道の欠陥ともいうべきものである。しかし現在社会の多くの分野においてはゼロサムではなく、あらたに富が生み出されている。そこでの取引は、公正な条件が満たされていれば、当事者双方の利得を高め得るものである。誰かが利潤を上げても、他の誰かが損をする訳ではない。すなわち、パレート優位な配分が実現され得る。

情報の共有

市場においては、財の質や価格に関する情報が十分に共有されていれば、同じ価格であれば質のよい財が売れ、同じ質であれば価格の低い財が売れる。もちろん、情報が不十分で、継続的な取引がないような場合は、他と比べて質が悪く価格が高い財を売ることによって、短期的な利益が得られるかもしれない。しかし参入退出の自由が確保されており、ある程度継続的な取引が続くような状況においては、民間企業が供給する財の質および適正な価格は確保されやすいといえる。むしろ競争のない公的機関が提供する財の方が、質を高めたり費用を削減したりする誘因が働きにくい。継続的な取引があまりない、観光地のような場合、劣悪な財が売られる可能性もあるが、情報の伝達が以前と比べて格段に容易になっている現在、いくら一見の顧客が多くても、それなりの歯止めが期待される。

2-2 格 差

格差を広げるか

批判：『市場を重視すると、社会には格差が広がり、貧富の差など二極化が進んでいる』。

社会全体のパイの大きさ、すなわち富の大きさを決めるのは何か、認識

する必要がある。富は自然に与えられるものではなく、誰かが努力して創り出すものである。富はそれを評価する人がいてはじめて富となる。人々に何ら評価されないものをいくら手間隙かけて作っても、富を生み出したことにはならない。価値観やライフスタイルが多様化し、生活水準の高い現在の日本では、人々の潜在的なニーズを顕在化させる財・サービスを供給することは容易ではない。富を創り出すためには、それを創り出す人を優遇しなければならない。少なくとも、富を創り出す意欲を削ぐような制度は避けるべきである。

誰が富を創り出すか

英国のサッチャー元首相のことばとして「金持ちを貧乏人にしても、貧乏人は金持ちにはならない」が知られている。結果としての平等を重視するあまり、富を再分配してゆくと、創り出される富そのものが減って、低所得者層のためのセーフティーネットの構築も困難になる。教育など機会の平等はできるだけ保証する必要があるが、皆が平等に貧しいような状態は決して望ましいとはいえない。

2-3 品 格

市場原理は品格を損なうか

批判：『市場原理を追求することが、日本人の品格を損なった』。

競争に基づく市場原理は、日本では伝統的に商人の世界で行われてきた。経済活動における競争の本質は、英語のcompetitionという単語に対し競争という訳語をつくり出した福澤諭吉（1835-1901）の以下の文章に端的に表されている。「日本の商人のしているとおり、隣で物を安く売るといえばこっちの店ではソレよりも安くしよう、また甲の商人が品物をよく

するといえば、乙はソレよりも一そうよくして客を呼ぼうと、こういうので、……互いに競い争うて、ソレでもってちゃんと物価も定まれば金利も極まる。これを名づけて競争というのでござる」(『福翁自伝』)。

市場原理が直ちにアメリカ化を意味するという見方は皮相なものである。アダム・スミス(Adam Smith 1723-1790)が生まれる以前から、日本では米の先物取引など、現在のデリバティブに相当する取引が行われていた。江戸時代の大坂堂島市場は「世界各地における組織化された商品・証券・金融先物取引の先駆をなす」誇りをもっている。

士魂商才

福澤諭吉をはじめとする少数の人々は、すでに幕末から明治維新の時代に、武士道のもつ高い倫理性を評価しながらも、社会をゼロサムとは捉えず、富を生み出すことの重要性を認識していた。その姿勢が「士魂商才」となって、実業に従事し、殖産興業に大きく貢献した。

江戸時代からすでに商人の世界では「信用」という概念がきわめて重視されていた。これは商業においても高い倫理性が要求されていたのであり、約束を守るということが行動の基本であった。とくに罰則や強制的な措置が講じられなくても、ルール違反をして利潤を上げようという人々は、短期的にはともかく、中長期的に排除されていた。現在、一部のルール違反者が品格を損ねているかもしれないが、それは市場原理の欠陥ではない。品格の問題の根本は主として教育にあるのであり、ルールを守らなければ成立しない市場にあるのではない。

信用を重んじた江戸時代の商人の中には「陰徳」を積むという考えがあり、今でいう社会貢献活動を相当な水準で行っていた。その伝統は今でも続いており、第Ⅴ部で考察するフィランソロピーやメセナの先駆的な姿である。

2-4 倫理観と勤労意欲

自由は迷惑な行為や怠惰をもたらすか

批判：『自由な意思に基づく市場では、自己中心的で他人に迷惑をかける行為や怠惰をもたらしやすい』。

市場が有効に機能するためにはある種の倫理観が必要である。ルールを遵守し、私有財産を守ることが自発的な取引行動の前提条件である。社会の治安が悪く、略奪行為など、人々がそれぞれの意思に反する行為を受ける状況では自発的な取引は行われない。また、自発的な取引が行われたとしても、偽装や不当表示など、財についての情報が正しく伝えられなければ、市場はその機能を果たすことができない。

勤労意欲

さらに勤労意欲と向上心がなければ、市場機構を通じての経済的な発展は望めない。欧米では「プロテスタンティズムの倫理」がこれに対応していた。そこでは人間は本来堕落したものと捉え、救済の証は各人の現世における職業への精励によってのみ与えられると考えられていた。それが義務意識と規律正しい組織的な生活態度によって行われていたのであり、結果的に市場機構に基づく資本主義を発展させた。

日本においては、「独立心」をはじめとする福澤諭吉の思想は、そのためにも有効であった。すなわち労働は独立の基本であると認識していた。勤労および私有財産の尊重は、「資本主義の精神」につながる。それに加えて「いやしくも卑劣なことはできない」（『福翁自伝』）という厳しい倫理観をもっていた。これらの考えは市場機構が有効に機能するための前提条件ともいえる。

こうした思想的背景については、第3章でより詳しく考察する。

第3章
社会貢献の思想的背景

3-1 市場機構の思想的背景

資本主義の精神

　プロテスタンティズムの勤労に基づく倫理観が欧米の資本主義発展に寄与したといわれている。マックス・ウェーバー（Max Weber 1864-1920）は『プロテスタンティズムの倫理と資本主義の精神』の中で、本来、営利の追求を敵視するピューリタニズムの経済倫理が近代資本主義の生誕に大きく貢献したという歴史の逆説を究明した。

　16世紀の宗教改革者カルヴァン（Jean Calvin 1509-1564）は、救済を神の計るべからざる意志による、とする予定説を主張し、信者に、自己を神の道具として、勤勉、節約、質素、持続性、反権威性をもって職業労働に従事して救済の確証を得るように説いた。

　カルヴァンの予定説（カルヴァン主義）では、神に救済される人間は、あらかじめ決定されており、善行を働いても救われるとは限らない。また、自分が救われているかどうかをあらかじめ知ることもできない。このような予定説の恐るべき論理は、人間に恐怖と激しい精神的緊張を強いることになる。そして、人々は、そこから逃れるために、「神によって救われている人間ならば（因）、神の御心に適うことを行うはずだ（果）」という、因と果が逆転した論理を生み出した。そして、一切の欲望や贅沢や浪費を禁じ、それによって生まれたエネルギーのすべてを、信仰と労働（神が定

めた職業、天職）のみに集中させた。

このような禁欲的プロテスタンティズムは、「利潤の肯定」と「利潤追求の正当化」を生み出し、金儲けに正当性を与えたといえる。最初から利潤の追求を目的とするのではなく、行動的禁欲をもって天職に勤勉に励み、その「結果として」利潤を得るのであれば、その利潤は、安くて良質な財やサービスを人々に提供したという「隣人愛」の実践の結果であり、その労働が神の御心に適っている証であり、救済を確信させる証ということになる。

節約すなわち無駄を省くなどの支出の抑制のために、収支を管理して合理的経営を行うのに不可欠な複式簿記が導入された。また、生産性を上げるために、科学的合理的精神に基づいた効率の良い生産方法が導入された。禁欲的労働によって蓄えられた金は、消費によって浪費されることなく貯蓄され利潤追求のために不断に再投資されることになった。

このようにして、最も金儲けに否定的で禁欲的な宗教が、金儲けを積極的に肯定する論理と近代資本主義を生み出した。

オランダ、イギリス、アメリカなどのように、カルヴァン主義の影響が強い国では、上述したように非合理性をもった合理主義によって、近代資本主義が発達した。一方、イタリアやスペインなどのように、カトリックの影響が強く、実践的合理性の顕著な国では、資本主義の発達が遅れた。これは偶然ではなく、資本主義の「精神」とカルヴァン主義の間には、因果関係が存在するとされた。ここでいう資本主義の「精神」とは、単なる拝金主義や利益の追求ではなく、合理的な経営・経済活動を支える心のあり方というべきものである。

このようにプロテスタンティズムの信仰が、結果として、近代資本主義を誕生させ、それを発展させた。しかし、近代化が進展するとともに信仰が薄れてゆくと、宗教としての色彩が弱まり、利潤追求自体が自己目的化

するようになったといえる。

3-2 日本における社会貢献の思想

二宮尊徳の道徳経済一元論

　キリスト教の影響をほとんど受けていない日本では、勤労の尊重と倫理観はどのように形成されたのであったか。

　まず、江戸時代末期の代表的な経済思想家ともいえる二宮尊徳（金次郎／1787-1856）を取り上げる。農村における実践活動家でもあった二宮尊徳の思想は『道徳経済一元論』と呼ばれ、「経済なき道徳は戯言、道徳なき経済は罪悪」という言葉に集約される。この考えは、前述したようなゼロサム社会の発想に基づく武士道の経済観を補う思想ともいうことができる。

　また「勤倹譲勤労」という言葉に現わされているように、勤勉かつ能動的、合理的、効率的に新しい価値を創造し、それを推譲する、すなわち余剰を自分や家族に譲る（自譲）、他人や社会のために譲る（他譲）ことによって「人間らしい幸福な社会が実現する」との考えである。

　「売って喜び買って喜ぶ、を法則とすべきである」という商品の売買に関する考えは、いわゆるウィン・ウィンの関係で、現在の経済学上の概念である、前述したパレート優位な配分をもたらす取引をすべきであると主張しているのであり、利潤を上げることを悪と捉える考え方の対極にある。

　「道徳をもって体となし、経済をもって用となし、この二つを至誠の一つをもって貫くことを道とするものである」とする考えは、ボランティア精神、あるいはnoblesse oblige に通じるものがあるといえる。

福澤諭吉による「独立自尊」と「学問のすすめ」の時代背景

　二宮尊徳の思想は基本的に日本国内の社会を対象としており、日本が独立した状態にあることは暗黙の前提としていたといえる。しかし二宮尊徳の最晩年である19世紀中葉は、欧米列強による「帝国主義」の全盛期でアジア・アフリカ地域のほとんどが欧米諸国の植民地となっており、黒船に象徴されるように、その軍事力が日本に迫っていた時代である。日本の独立そのものが危機に瀕し、独立を維持することが喫緊の課題であった。また産業や軍事力の基礎となる「近代科学」は、白人以外には習得できないというのが当時の「常識」であった。すなわち多くの国々と地域において、「西洋」とそれ以外との差は、もって生まれた固有のものと考えられていた。しかしながら福澤諭吉に代表されるように、日本における状況認識としては、『西洋』の圧倒的な軍事力・経済力をみても、「東洋」との差を固有のものとは考えず、学問・教育のあるなしと捉えた。「貧富強弱の有様は天然の約束に非ず、人の勉と不勉とに由て移り変わるべきものにて……」（『学問のすゝめ　三編』）西洋にあって東洋にないものは有形では数理学、無形では独立心であるとした。そして数理学と独立心の涵養を最重要課題とした。「双方の教育法の相違を考えると、東洋になきものは有形において数理学と、無形において独立心」（『福翁自伝』）すなわち「学問のすすめ」と「独立自尊」である。

独立の基本である勤労と倫理観

　福澤の思想では、一国の独立は個人の経済的自立が基礎となる。私有財産の尊重を前提とし、自己責任に基づき経済活動を行うことが個人の独立の第一歩である。その個人の独立が、実学（数理学）の習得と相俟って、殖産興業の基礎をなし、国家の独立へと繋がる。「自ら労して自ら食ふは人生独立の本源なり。独立自尊の人は自労自活の人たらざるべからず」（『修

身要領』第三条)「独立の気力なきものは国を思ふこと深切ならず」(『学問のすゝめ　三編』)「人生独立の第一要は、自力自活、いやしくも他人の厄介たるを許さず、一切万事自分の責任を以って生活するが故に、私有財産を守ること固きのみならず、自家の私有を重んずると同時に他の私有をも犯さず……」(『福翁百余話』)とし、前述したように、「いやしくも卑劣なことはできない」(『福翁自伝』)という厳しい倫理観をもっていた。

そして「我日本国人も今より学問に志し、気力をたしかにして先ず一身の独立を謀り、随て一国の富強を致すことあらば、何ぞ西洋人の力を恐るるに足らん。道理あるものはこれに交り、道理なきものはこれを打払わんのみ。一身独立して一国独立するとはこの事なり」(『学問のすゝめ　三編』)と述べており、これらの記述は近代日本の行動原理を端的に示しているものといえる。

渋澤栄一の思想と実践

渋澤栄一(1840-1931)は『論語と算盤』で、「士魂商才」、「公益」と「私益」のあり方などを通じて、資本主義に内包された問題点を考察し、解決のためにさまざまな実践を行った。

渋澤の思想は「道徳経済合一説」と呼ばれ、本当の経済活動は、社会のためになる道徳に基づかなければ長続きせず、道徳と経済とは調和しなければならない、とするものである。ただし現実に立脚しない道徳は、国の活力を失わせ、生産力を低くし、最後には国を滅亡させてしまうと捉えており、この考えは、先述した二宮尊徳による「道徳経済一元論」の思想を引き継ぐものといえる。

渋澤は社会貢献活動にも多大な功績を残したが、「富を手にすればするほど社会から助けてもらっていることになる」ので、弱者を救うのは当然のことであるが、「人にタダ飯を食わせて遊ばせていればよい、のではな

い」という考えが、彼の社会貢献に対する基本的な認識であるといえる。

　前述したように、江戸時代において武士階層の多くは社会をゼロサムと認識していたように思われるが、渋澤は、武士は孟子の「財産を作れば、仁の徳から背いてしまう。仁の徳を行えば、財産はできない」を実行していたのであり、その結果、経済活動は社会正義のための道徳とは無関係な人が携わるとされたため、商業は罪悪だといった状態が続いたと捉えた。そして、生産者は江戸時代を通じて道徳教育とは無関係に置かれ続けた。それらは武士道あるいは儒学者の誤りである「社会正義のための道徳と、経済活動の結果である富とが並び立たない」との考えの影響であるとした。そうした背景の下での道徳経済合一説であるといえる。

第Ⅱ部　利己的行動の下における市場機構の効率性と限界

第4章
市場の仕組みと
厚生経済学の基本定理

4−1 経済社会において生産・消費される財の性質と配分の仕組み

排除性と競合性による財の分類

　財の性質は、排除性と競合性という観点から以下の4種類に大別される。排除性とは料金や対価を支払わない人など、ある特定の人をその財の消費から排除することが容易であるような性質を指す。競合性とは、ある人がその財を消費すれば他の人はそれを消費できないという性質を指す。

表4−1．財の類型

	競合性	非競合性
排除性	私的財	自然独占（クラブ財）
非排除性	共有資源	公共財

　私的財：排除性と競合性をともにもつ財で、食料品など日常生活で用いられる財の多くはこの性質をもっている。

　公共財：排除性と競合性をともにもたない財で、国防や治安の維持あるいはある種の情報など、一度供給されると誰でもが自由に消費できる性質をもつ。

　共有資源：私的に消費されるため競合性はもつが、他の人による消費を

排除せずに、自由な利用が可能である。酪農家が自由に利用できる牧草地が古典的な例であり、公海での漁業資源なども含まれる。

自然独占：排除性はあるが競合性のない財であり、例としてはある種の情報通信サービス、水道などが挙げられる。「水」自体は競合性があり私的財であるが、「水道管」を通じていつでも水を利用できるサービスという意味では競合性はない。こうした財は供給には多くの場合に巨額の設備投資が必要であり、地域において必然的に独占が生じやすい。このような状態を自然独占という。もちろん、複数の情報通信会社が並存しているように、必ずしも独占とは限らないが、こうした性質をもつ財をここでは便宜的に自然独占と呼ぶ。

クラブ財（限定された人々による共同消費の対象）：特定の人のみを対象とすることができるので排除性はもつが、その中では互いに競合しないで消費できるので、財の性質としては自然独占の範疇に含まれる。ある意味では私的財と公共財の中間に位置づけられる。

社会的観点による財の分類

以上のような、物理的な特性に基づく分類とは別に、社会的観点から消費が本来的に望ましいと思われる財が存在する。そのような観点から、政府などにより供給され、ある種の強制的な消費が望ましいと考えられる財を価値財と呼んでいる。

価値財：市場システムによっては十分に供給されず、政治システムや狭義社会システムによって何らかの介入が望ましいと考えられるような性質をもつ。一般に消費者は必ずしも自分にとって真の最適な行動を取るとは限らない。第1章で述べたように消費者が十分な知識をもっていない場合もあるが、たとえば喫煙が健康を害する可能性が高いことを知っていながら喫煙を続けるような場合もある。このような場合には、たとえ消費者の

自発的な意思に反したとしても、政府などによる介入が望ましいと考えられる。価値財の例としては、健康診断、シートベルトの着用、初等教育などが挙げられる。

財の類型と配分に関する各システムとの関係

私的財：主として市場システムにより供給、分配され、場合によって狭義社会システムにより補完される。

公共財：主として政治システムにより供給され、多数の主体により共同消費される。

共有資源：主として政治システムにより管理・基準が設定され、市場システムにより利用される。

自然独占：主として市場システムにより供給され、政治システムにより管理される。

クラブ財：主として市場システムあるいは狭義社会システムにより供給され、限定された人々により共同消費される。

価値財：主として政治システムにより供給されるか、あるいは市場システムにより供給され政治システムにより管理される。

各システムにおける供給についての基本原則

市場システム（自助）：営利企業による利潤最大化行動として、需要する自発的意思をもち対価を支払った人に対してのみ供給される。

政治システム（公助）：政府・自治体が議会の承認を受けた予算案に基づき直接供給するか、あるいは営利企業やNPOによる請負として供給される。受益者が対価を支払う場合と無償の場合の両方が存在する。価値財のように、意思とは無関係に供給され、強制的に消費される財もある。

狭義社会システム（共助）：NPO、営利企業による社会貢献活動として、

それぞれ独自の目的を達成するために供給される。対価を支払う場合と無償の場合の両方が存在する。誰に対して供給されるかは、主として供給者側の判断に基づく。

各システムにおける負担についての基本的原則

市場システム：受益者が自己負担する。

政治システム：社会の構成員が納めた税金による。納税についての考え方には応能説と応益説がある。応能説では、負担と受益に直接の関係はなく、所得額などに応じて負担額が決められる。

狭義社会システム：寄付・ボランティアなど、自発的であるが自己の利益には直接結びつかない行為により負担される。

4-2　市場の類型

供給者数による市場の分類

現実の経済にはさまざまな特徴をもつ市場が存在する。それぞれの市場における供給者の数によって、社会全体に存在する市場の構造を分類することができる。まず、供給者数が 1 である場合を完全独占あるいは単純独占、複数であるが少数の場合を寡占、寡占のなかで供給者数が 2 の場合をとくに複占と呼び、需要者数が 1 である場合を需要独占と呼ぶ。また、ほぼ同じ質の財でありながら、デザインやアフターサービスなどの面で、他企業の製品と異なる財が供給されていることを製品差別化という。多数の供給者と需要者が存在しながら、それぞれの企業が差別化された製品を供給しているような市場の構造を独占的競争と呼ぶ。多数の供給者と需要者がおり、（1）個々の経済主体は、市場全体への影響力が小さいため、価格を与えられたものとして行動する、（2）個々の経済主体は、財の価格や質

について完全な情報をもっている、（3）売買される財は全く同じ質をもっている、（4）市場への参入と市場からの退出が自由である、という条件を満たす市場を完全競争市場という。供給者の数や製品差別化の程度などにより、市場構造は表4－2のように分類される。

　現実の経済では、完全競争市場の存在は稀であり、多くの市場において、競争はなんらかの意味で不完全である。競争が不完全であれば、各経済主体は価格に対して、少なくともある程度は影響を及ぼすことが可能である。この価格に対する影響力は、以下の2つの要因に基づくものと考えられる。第1は、主体の数が比較的少なく、各主体のもつシェアが大きい場合である。第2は、製品差別化がなされている場合である。

　完全競争市場は参入・退出に対する障壁ならびに製品差別化が存在しないような市場である。他方、完全独占は参入障壁がきわめて高い市場であり、寡占市場は一般にその中間であるといえよう。独占的競争市場は、参入・退出に対する障壁が存在しないか、あるいはきわめて低い市場であるが、製品差別化によって各企業は価格支配力をもっている。

表4－2．市場構造

	供給者数	参入の難易度	製品差別化の程度	価格支配力	例
完全独占	1	不可能	なし	規制あり	水道ファスナー
寡占	少数	困難	ありほぼなし	ありあり	車・家電鉄鋼・石油
独占的競争	多数	容易	あり	あり	外食
完全競争	多数	容易	なし	なし	農業・水産業

参入障壁

　市場における企業数は、その市場がどのような参入障壁をもつかに依存する。参入障壁としては以下のものがある。

　① 政府・公共団体による規制

　② 生産に必要な資源の 1 企業による独占的な所有

　③ 規模の経済に基づく平均費用逓減

　このなかで①の政府・公共団体による規制は、電力・ガスなどいわゆる公益事業によくみられるものである。また、特許により法的に保護されて、他の企業の参入が禁じられる場合や、提供されるサービスの質を確保するために設けられた医師や弁護士の免許制度も①の例と考えられる。

　②の例としてしばしばあげられるのは、第 2 次世界大戦前のアルミニウム産業であり、原料であるボーキサイトが 1 つの企業によって独占的に所有されていた。

　③の規模の経済とは、生産規模を拡大したときに産出量が規模の拡大以上の比率で増大することをいう。大量の資本設備など高い固定費用を必要とする産業でよくみられるもので、小規模生産では平均費用が高くなり、新規に参入しようとしても既存企業に対抗できず、逓減する費用曲線のかたちそのものが自然な形で参入障壁となっている。また研究開発が重要な意味をもつハイテク産業も、成功までに支払われた費用が固定費用となり、規模の経済を発生させる。財の分類としても用いたが、③の要因による独占についても自然独占と呼んでいる。

サンク・コスト（埋没費用）と退出

　退出についての障壁も考慮されなければならない。通常、ある既存企業がその産業から退出する場合、それまでに投下してしまった資金の一部は回収不可能であり、退出にともなって必要とされる費用と考えられる。回

収不可能な費用をサンク・コスト（sunk cost）といい、それが高いほど退出についての障壁も高い。固定費用は高いがサンク・コストの低い産業の例として挙げられるのが航空産業である。中古機市場が存在すれば、退出しようとする企業は保有機をすべて売却することにより、投下資金のかなりの部分を回収できる。

4-3 厚生経済学の基本定理

「神の見えざる手」

　市場機構を規範的な分析の観点から評価する。競争市場では、消費者や生産者などのすべての主体は、価格を与えられたものとして、利己的な行動——消費者であれば予算制約の下での効用最大化行動、生産者であれば技術的な制約の下での利潤最大化行動——をとると考えられる。そうした行動の結果として実現される競争均衡は、適当な条件のもとである種の効率性が満たされることが示される。こうした考えはアダム・スミス以来、伝統的に「神の見えざる手」の働きであると表現されてきたものであり、現在では厚生経済学の基本定理として知られている。

配分と選好

　社会には n 人の消費者および m 種類の私的財が存在するものとする。単純化のためここでは生産活動を考えず、交換経済を想定する。消費者 i の消費量を

$$x_i = (x_i^{1},...,x_i^{m}) \qquad (4\text{-}1)$$

で表す。すべての消費者の消費量の組み合わせを

$$x = (x_1, ..., x_n) \qquad (4\text{-}2)$$

で表し、配分と呼ぶ。各財は当初、各消費者によって一定量を保有されており、それが市場において交換され、消費されるものと考える。消費者 i の初期保有量を

$$\omega_i = (\omega_i^1, ..., \omega_i^m) \qquad (4\text{-}3)$$

で表し、すべての消費者の初期保有量の組み合わせを

$$\omega = (\omega_1, ..., \omega_n) \qquad (4\text{-}4)$$

で表す。

定義 4 − 1. 配分 $x = (x_1, ..., x_n)$ は、$\sum_i x_i \leq \sum_i \omega_i$ であるときに達成可能である。

消費者 i の選好は効用関数

$$u^i(x_i) \qquad (4\text{-}5)$$

によって表わされるものとする。

市場における消費者の効用最大化行動

完全競争市場を考え、財の価格を

$$p = (p^1, ..., p^m) \qquad (4\text{-}6)$$

で表す。

消費者の行動は、価格を所与とした予算制約下の効用最大化問題として

以下のように定式化される。

$$\max. u^i(x_i)$$

$$subject\ to\ \sum_{k=1}^{m} p^k x_i^k \le \sum_{k=1}^{m} p^k \omega_i^k \qquad (4\text{-}7)$$

競争均衡

定義 $4-2$．競争均衡とは価格 p^* と達成可能な配分 x^* との組み合わせ (p^*, x^*) で以下の条件を満たすものである。

（ⅰ）効用最大化
各消費者について x_i^* は

$$\max. u^i(x_i)$$

$$subject\ to\ \sum_{k=1}^{m} p^{k*} x_i^k \le \sum_{k=1}^{m} p^{k*} \omega_i^k$$

$$i = 1,...,n$$

の解である。
（ⅱ）需要と供給の一致
各財について

$$\sum_{i=1}^{n} x_i^{k*} = \sum_{i=1}^{n} \omega_i^k$$

$$k = 1,...,m$$

パレート効率性

　配分を規範的な観点から評価する基準を考える。

　定義4－3．達成可能な配分xは、すべての消費者iについて

$$u^i(y_i) \geq u^i(x_i)$$

かつ少なくとも1人の消費者jについて

$$u^j(y_j) > u^j(x_j)$$

が成り立つような達成可能な配分yが存在しないとき、パレート効率的である。

　すなわち、パレート効率的な配分とは、ある消費者の効用を上げるためには、他の誰かの効用を下げざるを得ないような配分である。

厚生経済学の基本定理

　「神の見えざる手」として表現されてきた市場機構の機能を、パレート効率性の概念を用いて理論的に表現する。

　定義4－4．消費者の選好は$y_i \geq x_i$かつ$y_i \neq x_i$が、
$u^i(y_i) > u^i(x_i)$を意味するならば厳密に単調であるという。

　定理4－1．（厚生経済学の第一基本定理）
　各消費者の選好が厳密に単調であるとき、競争均衡配分x^*はパレート効率的である。

証明. 競争均衡配分 x^* がパレート効率的でないとし、矛盾を導く。

定義 4 − 3 より、達成可能な配分 y が存在し、すべての消費者 i について

$$u^i(y_i) \geq u^i(x_i)$$

かつ少なくとも 1 人の消費者 j について

$$u^j(y_j) > u^j(x_j)$$

が成り立つ。選好が厳密に単調であるので、すべての消費者 i について

$$p^* y_i = \sum_{k=1}^m p^{k*} y_i^k \geq \sum_{k=1}^m p^{k*} x_i^k * = p^* x_i^*$$

となり、少なくとも 1 人の消費者 j について

$$p^* y_j = \sum_{k=1}^m p^{k*} y_j^k > \sum_{k=1}^m p^{k*} x_j^k = p^* x_j^*$$

となる。したがって、それらをすべての消費者について合計すると

$$\sum_{i=1}^n p^* y_i > \sum_{i=1}^n p^k x_i^*$$

となる。競争均衡の定義 4 − 2（ⅰ）、および選好が厳密に単調なことから

$$p^* x_i^* = \sum_{k=1}^m p^{k*} x_i^{k*} = \sum_{k=1}^m p^{k*} \omega_i^k = p^* \omega_i$$

が成立するので

$$\sum_{i=1}^n p^* y_i > \sum_{i=1}^n p^k x_i^* = \sum_{i=1}^n p^* \omega_i$$

が成立する。これは配分 y が達成可能ではないことを意味し、矛盾が生じる。

（証明終了）

4-4 余剰の概念を用いた競争市場の規範的分析

消費者余剰

　規範的な分析手段の1つに余剰の概念がある。これは消費者余剰と生産者余剰からなり、その両者の合計を社会的余剰という。消費者余剰とは、財に対して消費者が支払ってもよいと思う額から、消費者が実際に支払う額を引いた値と定義される。需要曲線が与えられたときに、それを通常とは逆に、財のそれぞれの単位に対する消費者の評価を表しているものと考えよう（図4-1）。右下がりの需要曲線の場合には、財の数量が増加すると、財に対する評価は低下していくと考えられる。需要曲線の下側の領域は、貨幣で測られた、財に対する評価の総額を表している。消費者が実際に支払う価格は、財のすべての単位に対して共通であるので、価格が与えられたときの支払総額は、価格×数量であり、数量を底辺、価格を高さとした長方形の面積で表される。したがって消費者余剰は、需要曲線の下側の領域から支払額に対応する長方形を引いた領域の面積によって表される。

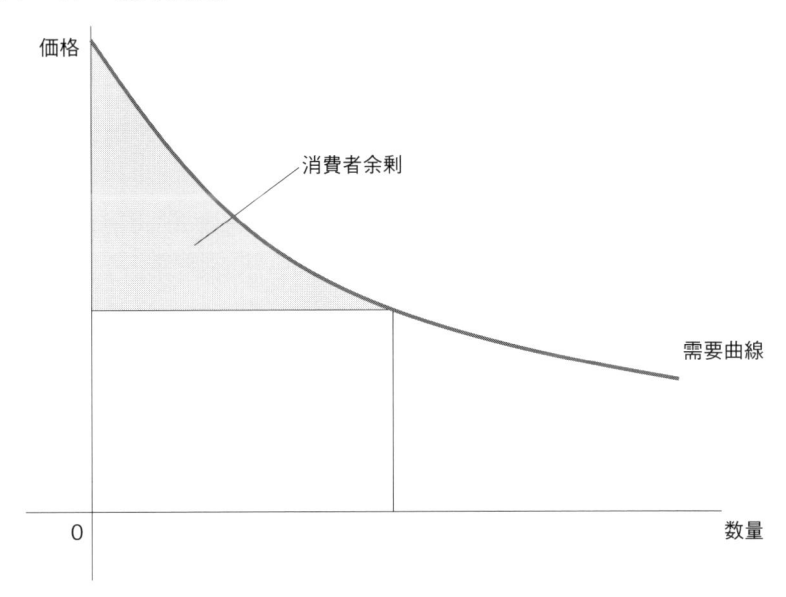

図4－1．　消費者余剰

（図中ラベル）
価格
消費者余剰
需要曲線
0
数量

生産者余剰

　供給曲線についても通常とは逆に考えて、財のそれぞれの単位に対して、生産者がそれを供給してもよいと思う最低限の価格と考える（図4－2）。供給曲線は、限界費用曲線の一部として導かれたので、その下側の領域は、総費用から固定費用を引いた可変費用を表すものと考えられる。財に対する消費者の支払額を表していた長方形は、生産者にとっては収入に対応する。生産者余剰は、収入を表す長方形から、供給曲線の下側の領域を引いた領域の面積によって表される。したがって生産者余剰は、収入から可変費用を引いた値、あるいは利潤に固定費用を加えた値となる。

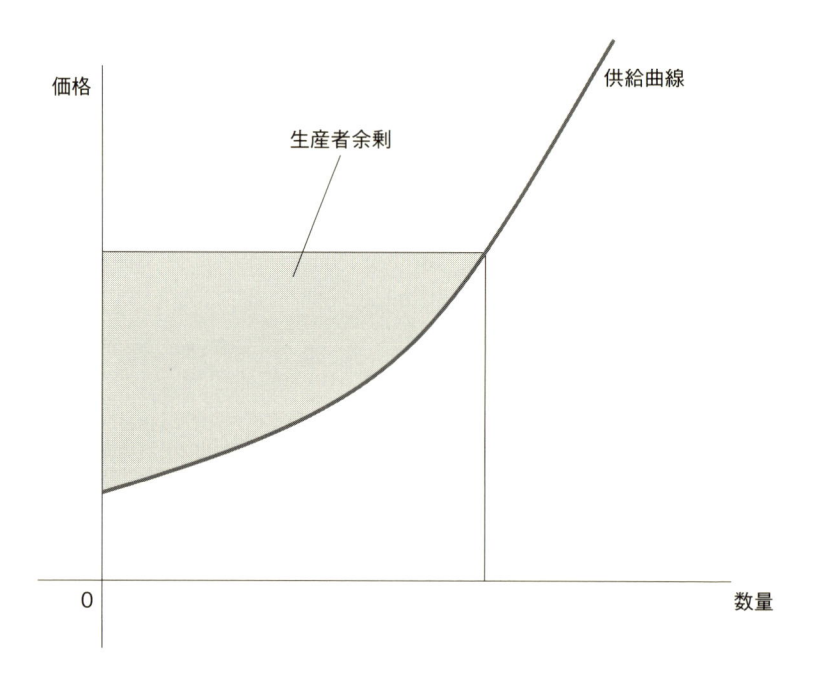

競争均衡の効率性

余剰の概念を用いるとさまざまな規範的分析を行うことができる。完全競争と独占市場との比較や、独占に対する規制の効果が分析される。

競争市場均衡において、消費者余剰と生産者余剰の和である社会的余剰は最大化され、課税などにより市場への介入があると、社会的余剰は減少し、その損失分にあたる死荷重が発生する（図4−3）。

図4－3.

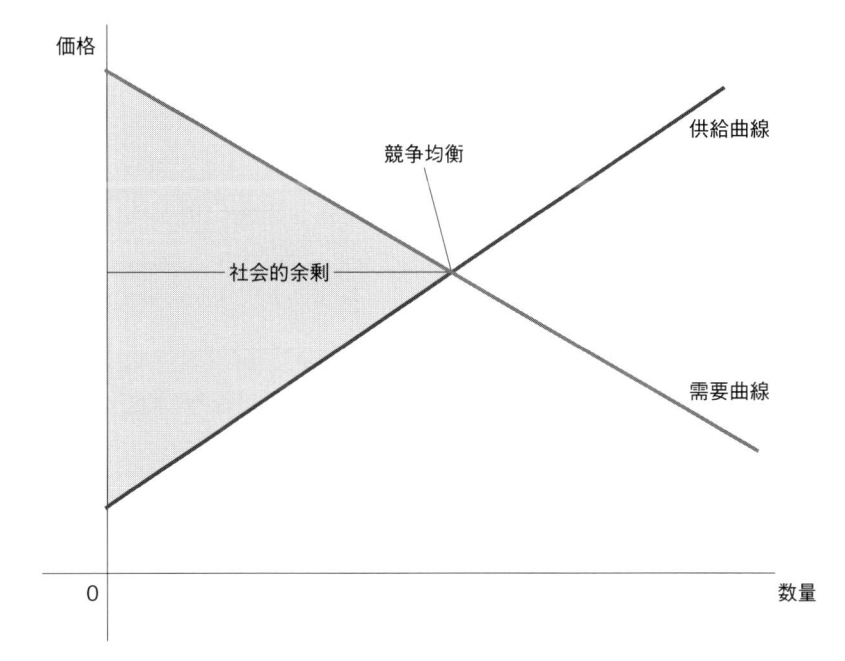

第5章 市場の失敗

5-1 市場の失敗の要因

基本定理の含意

　厚生経済学の基本定理は、市場機構の効率性を端的に表している。しかし、このことからただちに市場機構にすべての経済運営を任すことが望ましいとはいえない。この定理の主張は、適当な条件のもとでは競争均衡配分はパレート効率的になる、というものであるが、しかし現実には多くの市場において、生産者の数が1あるいは少数の独占や寡占の状態であり、また財に関する情報も完全ではなく、したがって完全競争ではない。あるいは市場そのものが存在しない財も多い。

　さらに条件が満たされていない場合にはたとえ競争市場であっても、均衡配分は必ずしもパレート効率的にはならない。

　ではどのような場合に、競争均衡配分はパレート効率的にならないのであろうか。代表的な要因として以下で考察する外部効果と公共財の存在があげられる。また、たとえ配分がパレート効率的であったとしても、それはあくまで効率性の指標であり、それ以外の規範的な規準についての問題が解決されていることにはならない。そうしたものの1つが分配の公正あるいは平等の問題である。市場機構によって有効に対処できないような事柄を市場の失敗と呼んでいる。

公共財

　前章で述べたように、公共財は排除性と競合性が働かないような財である。したがって、ひとたび財が供給されると、対価を支払っていない人を消費から排除することが困難であり、誰でも自由に消費することができる。そのため、対価を支払う誘因が小さく、「ただ乗り問題」が生じる。したがって市場においては一般に効率的な配分がなされない。なぜ市場均衡配分がパレート効率的でないかは5-2節で考察し、それをいかに解決するかという問題については第6章で考察する。

外部性

　ある主体の活動が、市場を通さずに他の主体に影響を与える現象を外部性という。他の主体の効用や生産性を上げるような外部性を外部経済、効用や生産性を下げるような外部性を外部不経済という。大気汚染や水質汚染など「公害」と呼ばれる現象の多くは外部不経済と考えられる。外部性はそもそも市場が存在しないため、厚生経済学の基本定理は適用されない。これについては5-3節で考察する。

格差・分配問題

　市場機構によって解決されるのは、基本的に効率性の問題であり、貧富の差といった所得分配については解決されない。そのため課税や補助金などの手段によって所得の再分配がなされている。ただし、何をもって公正あるいは平等と見なすかはそれほど単純ではない。人はそれぞれ能力が違い、働きも異なる。結果としての平等が必ずしも公正とはいえず、「自由」と「平等」はある面で相反する理念である。市場経済ではどちらかというと自由を重視し、計画経済では平等を重視していたといえよう。また、第2章で考察したように、市場機構は自由を重視することにより、富を創り

出す人々に誘因を与えているともいえる。

市場機構の意義と限界

　以上のような市場の失敗を考慮に入れたとしても、なお市場機構が経済の基本問題を解決する社会的な手段として、きわめて優れたものであることは疑いがないであろう。市場以外の手段で市場の機能を代替させようとすると膨大な情報が必要であり、また人々に適切な誘因を与えることも求められる。市場で有効に解決されうる問題については市場に任せ、同時に市場の失敗を考慮して、政治システムや狭義社会システムを通じて市場機構を補完していくことが望まれる。

5-2　公共財の存在

公共財を含む経済のパレート効率性

　公共財が存在する場合に、なぜ競争均衡配分がパレート効率的にならないかを考察する。まず公共財を含む経済におけるパレート効率性の条件を導出する。

　これまでと同様に n 人の消費者が存在し、私的財については1つにまとめ、1種類の私的財と1種類の公共財が存在するものと考える。私的財は各消費者によって一定量が初期保有され、その量を ω_i とする。公共財のために各消費者は私的財を負担すると考え、その量を g_i と標記する。公共財の数量を G と標記すると、公共財の生産と負担との関係は

$$G = \sum_{i=1}^{n} g_i \tag{5-1}$$

と表される。この場合、1単位の私的財によって1単位の公共財が生産さ

れることになるので、公共財の限界費用は1となる。

　各消費者の私的財の消費量は、初期保有から公共財のための負担額を引いたものとなる。

$$x_i + g_i = \omega_i \qquad (5\text{-}2)$$

　各消費者の効用は、私的財と公共財の消費量の関数として

$$u_i(x_i, G) \qquad (5\text{-}3)$$

によって表わす。

　パレート効率性の条件を求めるためには、私的財のみの場合と同じように、私的財の存在量および公共財生産のための技術が与えられたとき、n－1人の消費者の効用水準をある一定の値に固定し、1人の効用を最大化する条件を求めればよい。

　単純化のため、2人の消費者の場合を考える。消費者2の効用水準を$\overline{u}_2$とおいて、初期保有の総量を再配分するという制約の下で、消費者1の効用を最大化する。

$$\begin{aligned} &\max. \, u^1(x_1, G) \\ &subject\ to\ x_1 + x_2 + G = \omega_1 + \omega_2 \\ &u^2(x_2, G) = \overline{u}^2 \end{aligned} \qquad (5\text{-}4)$$

　1階の条件は

$$\frac{\partial u^1/\partial G}{\partial u^1/\partial x_1} + \frac{\partial u^2/\partial G}{\partial u^2/\partial x_2} = 1 \qquad (5\text{-}5)$$

となる。n人の消費者が存在する場合のパレート効率性の条件は

$$\sum_{i=1}^{n}\frac{\partial u^i / \partial G}{\partial u^i / \partial x_i} = 1 \tag{5-6}$$

となる。右辺の 1 は、(5-1) よりこの場合の公共財の限界費用を表している。

これに対して市場での個々の消費者の効用最大化行動は、予算制約の下での効用最大化行動

$$\begin{aligned}
&\max. \, u^i(x_i, G) \\
&subject \, to \, x_i + g_i = \omega_i \\
&\quad\quad G = g_i + G_{-i}
\end{aligned} \tag{5-7}$$

と定式化される。ここで G_{-i} は i 以外の消費者が負担する公共財の量である。1 階の条件は

$$\frac{\partial u^i / \partial G}{\partial u^i / \partial x_i} = 1 \tag{5-8}$$

となる。したがって、複数の消費者が存在する場合に、市場均衡においてはパレート効率性の条件（5-6）は満たされない。

5-3 外部性の存在

外部不経済と余剰

外部性が存在する場合に、競争均衡配分が効率的ではないことを、余剰の概念を用いて、1 つの財の市場のみを取り上げて考察する部分均衡分析により示す。

ある財の市場を考える。財の供給者である企業の行動に外部性が存在す

ると、企業が実際に支払う限界費用である私的限界費用（private marginal cost：PMC）と外部効果を考慮に入れた社会的限界費用（social marginal cost：SMC）に乖離が生ずる。外部不経済、たとえば大気汚染をもたらす企業の場合、社会的限界費用には汚染防止装置費用や、被害額などが含まれるため、図5-1のように私的限界費用よりも高くなる。企業の供給曲線は私的限界費用から導かれ、需要曲線との交点 e が市場均衡となるが、社会的余剰を最大化する生産量は、需要曲線と社会的限界費用曲線との交点 f で表される。したがって、外部不経済をもたらす企業の生産は過剰となり、市場均衡においては efg で表される社会的余剰の損失が生じている。

図5-1. 外部効果と社会的余剰

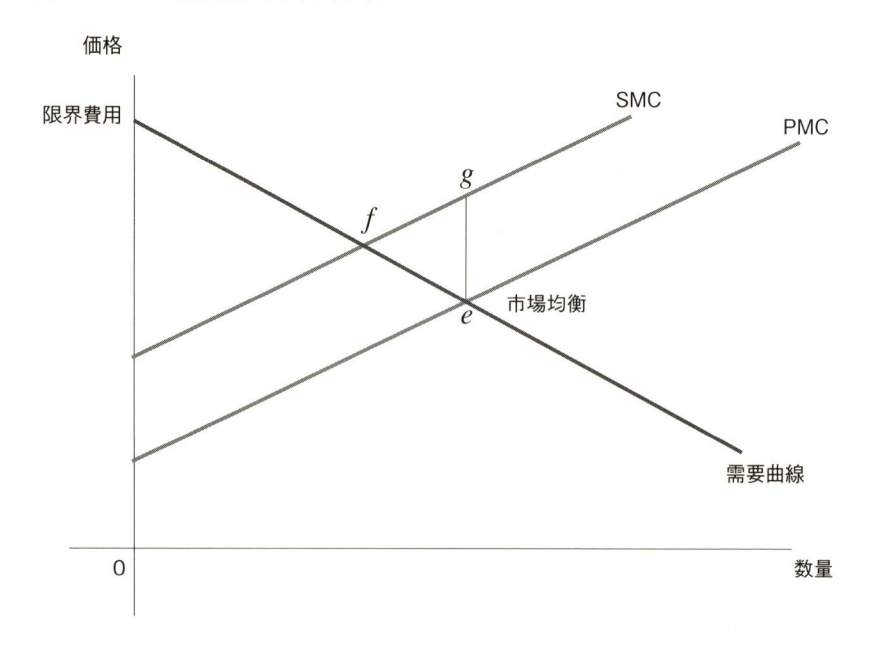

外部経済と余剰

　逆に、外部経済をもたらす企業の私的限界費用は、本来受け取るべき報酬を得ていないので、社会的限界費用よりも高くなる。この場合、PMCと需要曲線との交点である市場均衡 e は、SMCと需要曲線との交点である社会的余剰最大化の点 f よりも左側に位置し、生産量は過小となり、efg で表される社会的余剰の損失が生じている（図5−2）。

図5−2.

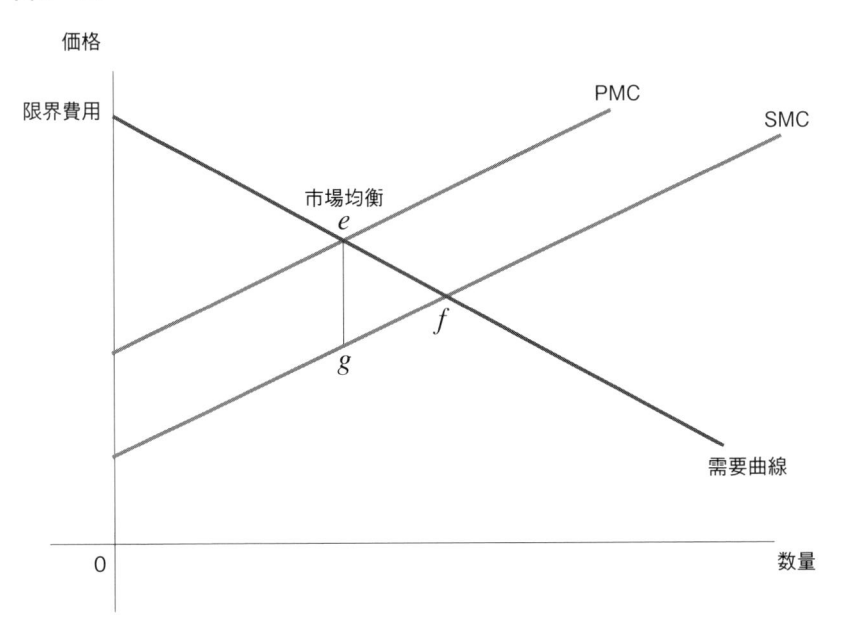

第6章
市場機構補完の試み

6-1 リンダール・メカニズム

税価格と公共財への支出

　第5章で考察したように、市場機構では効率的な供給がなされない、公共財のための政府支出を考える。政府支出が貨幣1単位増加することに対して個人が支払うべき額を税価格（tax price）という。これは一物一価が原則である通常の価格とは違い、適用される個人によって異なる値をとることが一般的である。消費者 i に対する税価格を t_i とする。

　個人の税価格が与えられたときの、望ましい公共財支出の水準を導く。この場合の消費者の効用最大化問題は以下のように定式化される。

$$\max. u_i(x_i, G)$$
$$subject\ to\ x_i + t_i G = \omega_i \tag{6-1}$$

　1階の条件は

$$\frac{\partial u_i / \partial G}{\partial u_i / \partial x_i} = t_i \tag{6-2}$$

図6-1.

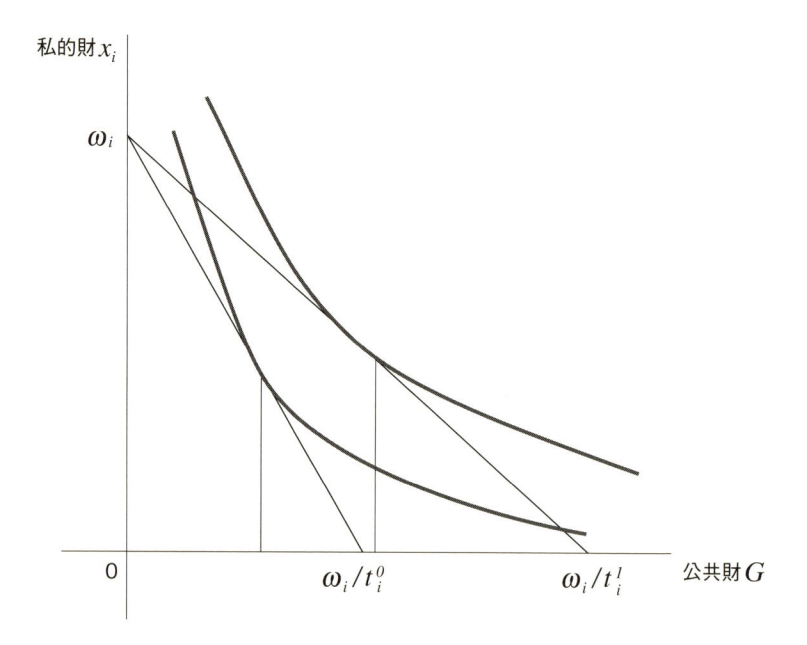

公共財と私的財との限界代替率が税価格に等しいという条件である。こ
こで、G の値は、税価格 t_i が与えられたときに、消費者 i が望ましいと思
う公共財すなわち政府支出の水準を示す。そのなかで消費者 i が負担する
額は $g_i = t_i G$ である。この、消費者 i が望ましいと思う公共財の水準を、
税価格 t_i の関数として $G_i(t_i)$ によって表す。

図6-1では、税価格が t_i^0 と t_i^1 のときの消費者 i にとって最適な G の
値が示されている。それぞれの場合の予算線に無差別曲線が接する点が最
適な x_i と G の組み合せであり、予算線の傾きである t_i^0 あるいは t_i^1 が、無
差別曲線の傾きである限界代替率に等しい。

リンダール均衡の導出

　個々の消費者に対し、公共財供給のための負担割合を意味する税価格を提示し、どれだけの公共財需要があるかを聞き、各消費者の表明する公共財の水準が一致するように税価格を調整する仕組みをリンダール・メカニズム（Lindahl mechanism）という。

　政府は消費者全員に税価格

$$(t_1,...,t_n) 、 \sum_{i=1}^{n} t_i = 1 、 t_i \geq 0 \qquad (6-3)$$

を提示する。各消費者は提示された税価格の下で、望ましい公共財の数量 $G_i(t_i)$ を提示する。

　定義 $6-1$．リンダール均衡 G^* とは、ある税価格の組 $(t_1^*, \cdots, t_n^*)$ が存在して

$$G^* = G_1(t_1^*) =,...,= G_n(t_n^*)$$

が成立するような公共財の水準をいう。

　リンダール均衡において、消費者 i の負担額は $g_i^* = t_i^* G^*$ であり、（6-3）より税価格の合計は1なので、$\sum_{i=1}^{n} g_i^* = G^*$ が得られ、公共財の生産と負担の関係を示す（5-1）が満たされることがわかる。

　リンダール均衡を求めるためには、（6-1）の解として導出した、個別需要曲線を縦に足し合わすことにより、集団的需要曲線を導き、公共財の限界費用から、供給曲線を導く。集団的需要曲線と供給曲線の交点がリンダール均衡である。

図6－2では、消費者1および2の公共財に対する需要曲線、すなわち $G_1(t_1)$ および $G_2(t_2)$ が描かれている。

図6－2.

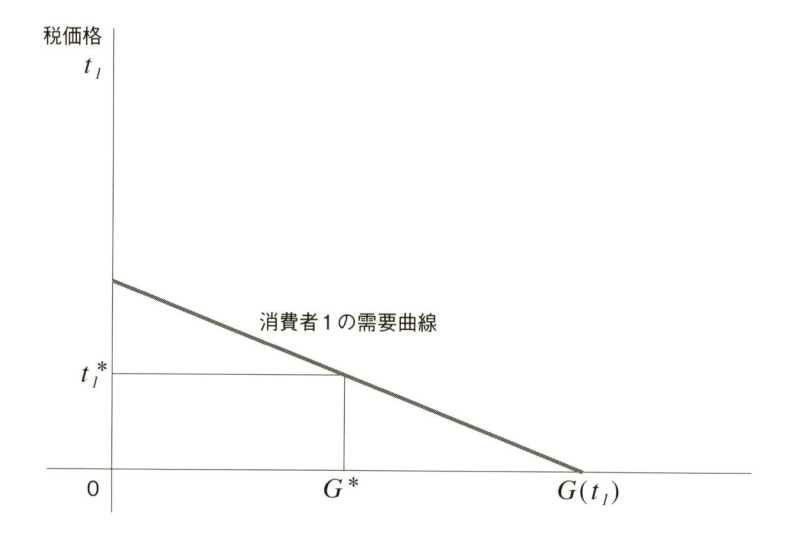

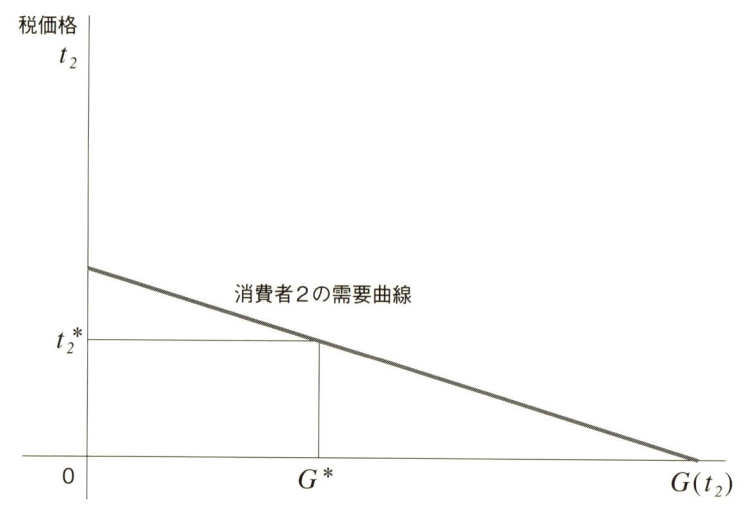

図6-3.

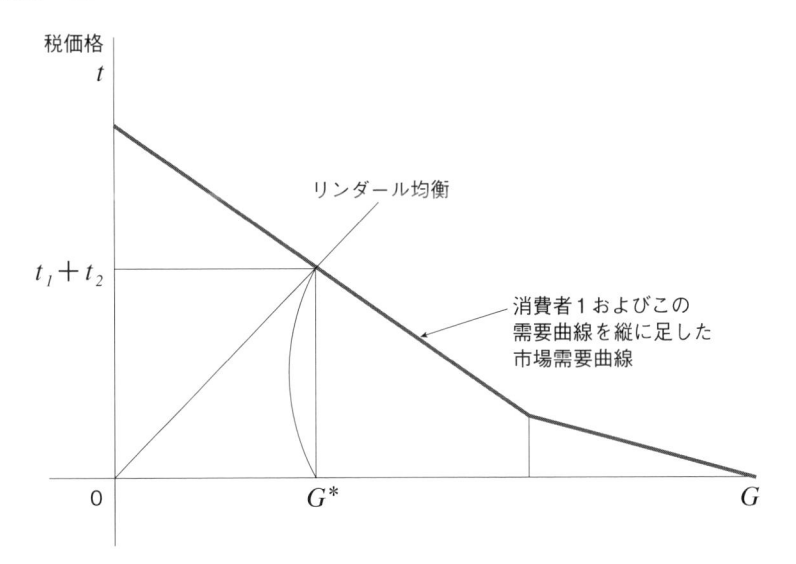

リンダール均衡の効率性と「ただ乗り問題」

　リンダール均衡においては、個々の消費者によって税価格は異なるが、公共財の需要量は等しい。条件（6-2）より、公共財と私的財との限界代替率の合計が、税価格の合計である1に等しく、それは公共財の限界費用である1に等しい。したがってパレート効率性の条件（5-6）が満たされる。

　ただしリンダール・メカニズムでは、各消費者にとっての公共財供給のための負担額が、自発的に表明した需要量に依存して増加するので、個々の消費者にとって真実を表明する誘因はない。なぜならば、公共財は非排除性および非競合性をもつので、自分が負担しなくても、他人の負担によって供給された財を自由に消費できるからである。したがって「ただ乗り問題」が生じるのである。

真の選好を表明させるメカニズム

「ただ乗り問題」を解決するための、真の選好を表明させるメカニズムを考察する。すなわち、真の選好を表明することが個々の消費者にとってもっとも有利な選択となるようなメカニズムについてである。

消費者 i にとっての公共財の価値、すなわち支払う意思のある額を v_i とする。公共財生産のために、各消費者は自分にとっての公共財の価値を政府に申告し、その申告額に基づいて公共財の生産および各消費者の負担額あるいは所得移転額 m_i を決定するメカニズムを考える。

消費者 i の申告額を s_i とする。s_i は消費者 i が負担のルールを考慮しつつ自発的に決定するものであり、真の値である v_i と一致するとは限らない。

単純化のために1単位の公共財を供給するか、しないかの決定を行う状況を想定し、供給のための費用はゼロとする。

消費者による申告額 $s = (s_1, \cdots, s_n)$ が与えられたときの公共財の供給量を $q(s)$、消費者 i へ負担額あるいは所得移転額 m_i の値を $m_i(s)$ と表す。それらの値は以下のように決定されるとする。

$$q(s) = 1 \text{、} \sum_{i=1}^{n} s_i \geq 0 \text{ のとき}$$

$$q(s) = 0 \text{、} \sum_{i=1}^{n} s_i < 0 \text{ のとき}$$

$$m_i(s) = \sum_{j \neq i} s_j + h_i(s_{-i}) \text{、} \sum_{i=1}^{n} s_i \geq 0 \text{ のとき} \qquad (6\text{-}4)$$

$$m_i(s) = h_i(s_{-i}) \; 、 \; \sum_{i=1}^{n} s_i < 0 \; のとき$$

ここで $h_i(s_{-i})$ は任意の実数値関数であり，s_{-i} は s から s_i を除いたものである。

この場合、消費者 i の効用は、自分にとっての公共財の価値と所得移転額の合計

$$u_i(q, s_i) = v_i q + m_i \tag{6-5}$$

によって表されるとする。

他の消費者がどのような申告を行っても、公共財に対する真の評価 v_i を申告することが望ましいことを示す。s_i を申告したときの消費者 i の効用は（6-4）から

$$
\begin{aligned}
& v_i q(s_i, s_{-i}) + m_i(s_i, s_{-i}) \\
&= v_i q(s_i, s_{-i}) + \sum_{j \neq i} s_j q(s_i, s_{-i}) + h_i(s_{-i}) \\
&= \left(v_i + \sum_{j \neq i} s_j \right) q(s_i, s_{-i}) + h_i(s_{-i})
\end{aligned}
\tag{6-6}
$$

であるので、真の評価 v_i を申告したときとの効用の差は

$$\left(v_i + \sum_{j \neq i} s_j \right) \{ q(v_i, s_{-i}) - q(s_i, s_{-i}) \} \tag{6-7}$$

と表される。

いま $v_i + \sum_{j \neq i} s_j \geq 0$ ならば、v_i を申告することにより $q(v_i, s_{-i}) =$

1 となる。$q(s_i, s_{-i})$ は（6-4）より、つねに 0 あるいは 1 であるので

$$q(v_i, s_{-i}) - q(s_i, s_{-i}) \geq 0 \qquad (6\text{-}8)$$

となり、真の評価 v_i を申告したときとの効用の差は非負である。

逆に $v_i + \sum_{j \neq i} s_j < 0$ ならば、v_i を申告することにより $q(v_i, s_{-i}) = 0$ となる。このとき

$$q(v_i, s_{-i}) - q(s_i, s_{-i}) \leq 0 \qquad (6\text{-}9)$$

となり、やはり

$$\left(v_i + \sum_{j \neq i} s_j \right) \{ q(v_i, s_{-i}) - q(s_{-i}, s_{-i}) \} \geq 0 \qquad (6\text{-}10)$$

が得られる。

したがって、各消費者は真の評価を申告することが望ましいことがわかる。このようなメカニズムはグローブス・メカニズム（Groves mechanism）と呼ばれる。

ただしこのグローブス・メカニズムは効率的ではない。ここで効率性は $\sum_i v_i \geq 0$ のときにのみ、公共財が供給されること、および $\sum_i m_i = 0$ であることによって特徴づけられる。

6-2　汚染者負担の原則と当事者間の交渉

外部不経済にともなう費用の負担

　外部不経済が生じている場合に、それを抑えるための費用は誰が負担すべきであるかを考察する。

　ある経済主体が環境を汚染させることによって外部不経済をもたらしているときに、その汚染者が費用を負担すべきであるという考えを、汚染者負担の原則（polluter pays principle：PPP）という。以下では汚染者負担の原則も含めた、当事者間の交渉を取り上げる。

企業収益と社会的便益

　どのように費用を負担すればもっとも効率的であるかを簡単な例を用いて考察する。外部不経済、たとえば煤煙（ばいえん）を出している企業と、それによって被害を受けている近隣住民を考えよう。図6-4の横軸には企業の操業水準を測り、縦軸には企業の限界収益と近隣住民の限界被害額を測る。企業の収益については操業水準の上昇にともない限界収益が逓減すると考える。したがって、はじめのうちは操業水準が上がるにつれて収益も増加するが、やがて減少に転ずる。被害額は負の値として測り、操業水準の上昇にともない限界被害額は逓増すると考える。したがって被害額は操業水準が上がるにつれて比例的以上に増加する。社会的便益を、企業の収益から近隣住民の被害額を引いた値と定義する。企業の収益は、限界収益がゼロとなる操業水準 y_0 で最大となり、社会的便益は、限界収益と限界被害が一致する操業水準 y_1 で最大となる。

図6－4. 企業の収益と近隣の被害

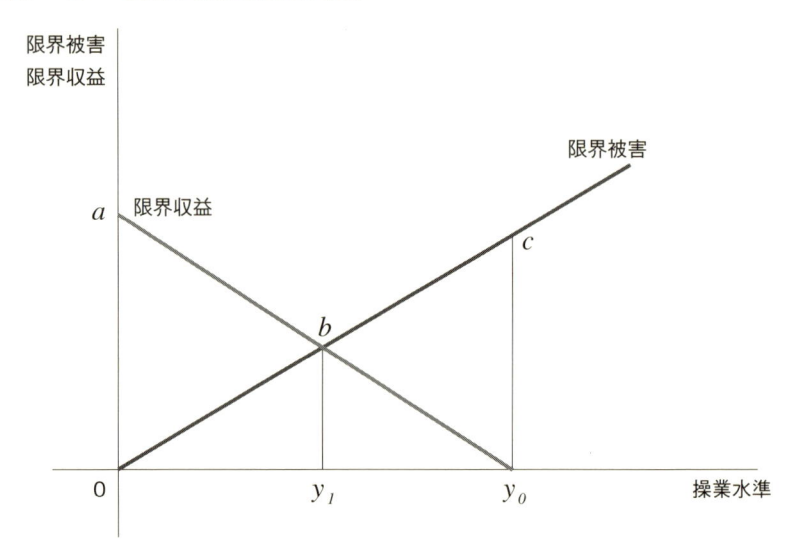

当事者間の交渉とコースの定理

　以上のような状況のもとで、当事者である企業と近隣住民が費用負担について交渉をしたとしよう。その場合、交渉の出発点をどこにするかは、状況によって異なるであろう。たとえば、工場が先に操業していて、そこに新たに住民が移ってきた場合と、その逆の場合とでは、交渉の出発点が違うと考えられる。

　操業水準 0 が出発点であれば、すなわち住民の被害がゼロという状態を前提とすれば、企業は住民に被害額 $0by_1$ を補償しても、y_1 の水準まで生産すると最大収益 $0ab$ が得られ、合理的である。これが前述した汚染者負担の原則の場合に対応する。

　逆に出発点が y_0 であれば、すなわち企業が自由に操業できるという状態を前提とすれば、住民は工場に収益 y_0by_1 を補償しても、操業水準を y_1

に下げさせることにより被害額を $0by_0$ へと最小化でき、合理的である。

このように、どの水準から交渉を始めても、到達点は社会的便益を最大化する y_1 となる。このような主張はコースの定理（Coase's theorem）と呼ばれる。

ただし当事者が交渉に応じるか否かは別の問題であり、また住民には工場の収益を補償する経済力がない場合も考えられる。汚染者負担の原則に従えば、企業が状況のいかんにかかわらず、住民に被害額 $0by_1$ を補償し、y_1 まで操業することになる。

6-3 環境税と排出権市場

環境政策手段

環境問題に対する環境政策の手段は、以下のように分類される。

（1）**直接規制**：環境を悪化させるさまざまな活動に対する強制的規制であり、環境基準、排出基準、技術仕様基準、安全基準などの設定や、許認可などと、それを担保するための法的措置である。違反者には法的・行政的手続きに従って罰則が科せられる。

（2）**経済的手段**：税・課徴金、補助金、市場創設などであり、経済主体が選択行動を行う際の費用と便益に影響を与えることによって、その行動を環境保全に適した方向へと変えさせる働きをする。

（3）**普及・啓発**：環境保全技術に関する情報提供や教育による長期的な意識改革などがある。

これらの環境政策手段のなかで、直接規制は比較的少数の特定企業あるいは産業を対象とする場合には、確かに有効であるといえる。

しかし、環境問題が複雑化・広域化し、規制の対象が増大してくると、的確な規制を行うためには大量の情報が必要であり、技術的な問題も生じ

てくる。したがって、直接規制の有効性は相対的に減少してくると考えられる。こうした情況では、経済的手段がより効果を発揮する。

環境税

経済的手段の1つが、外部不経済を内部化、すなわち損害などの影響を金銭的に評価して、市場を経由した場合と同様の効果をもたせるための、環境税である。

ただし、こうした環境税が有効に機能するためには、環境への損害を適切な形で金銭的に評価する必要がある。環境税の1つとして考えられているのが二酸化炭素（CO_2）の排出に対して料金を徴収する炭素税である。原油や石炭などの一次エネルギーに炭素税が課せられたとすると、その効果は直接的な影響と間接的な影響に大別される。

排出権市場の考え方

排出権市場の考え方とは、CO_2などの排出量を抑制するために、排出権という財を人為的に創り出し、その売買のための市場を創設しようとするものである。

地球全体のCO_2排出権市場を考えてみよう。まず、全体として最適と思われる排出総量をなんらかの科学的見地に基づいて決定しなければならない。次に、その排出総量を排出権に分割して、全世界の構成員に初期割当を行う。この初期割当の対象を、国別にするか地域別にするか、そして割当の規準を何にするかについては種々の議論がある。1つの考え方は、人口に比例させるというものである。

排出権需要の決定

各国のCO_2排出権の初期割当が決められたとしよう。第 i 国の初期割当

を q_i、市場での購入量を Q_i、排出量を C_i とすると、次の式が成り立つ。

$$C_i = q_i + Q_i \qquad (6\text{-}11)$$

各国の生産 Y_i は、その国の CO_2 の排出量の関数であるとし、

$$Y_i = f_i(C_i) \qquad (6\text{-}12)$$

で表す。C_i の限界生産力は逓減すると仮定する。排出権の単位当たりの価格を p とすると、各国の正味の所得 G_i は

$$G_i = f_i(C_i) - p(C_i - q_i) = f_i(q_i + Q_i) - pQ_i \qquad (6\text{-}13)$$

となる。つまり、生産量から排出権購入のための費用を引いた値、あるいは排出権売却の収益を加えた値である。

C_i に関する G_i の最大化の条件は、生産要素の需要の条件と同様に、

$$f'_i = p \qquad (6\text{-}14)$$

すなわち、C_i の限界生産力がその価格に等しいことである（図6-5）。一般に、排出権市場が存在することにより、割当量をそのまま用いるよりも正味の所得は大きくなる。その最適な排出量 C_i^* の値から初期割当 q_i を引いた値が排出権の需要量 Q_i^* である。C_i の限界生産力逓減の仮定から、排出権の需要 Q_i^* は p が上昇すれば減少する。したがって、価格の上昇により、それまで排出権の買い手であった国が売り手になることもありうる。価格の関数としての各国の排出権需要を $Q_i^*(p)$ と表すと、世界全体の均衡条件は

$$\Sigma \, Q_i^*(p) = 0 \qquad (6\text{-}15)$$

すなわち、すべての国々の排出権需要の合計がゼロとなることである。

（6-15）式を満たす価格が、排出権の均衡価格である。ただし、この均衡価格と各国の排出権需要は初期割当 q_i に依存しており、どのように q_i を決めることが望ましいかは別の大きな課題である（図6 - 5）。

図6-5. 排出権売買による正味所得の最大化

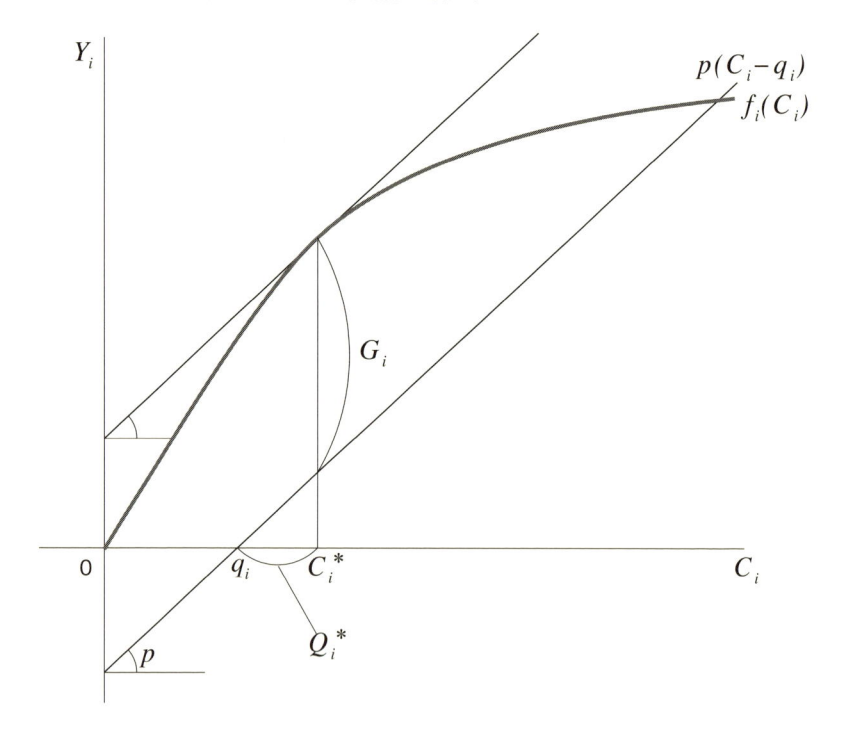

第Ⅲ部　利他的行動の基礎理論

第7章
利他的選好と利他係数

7-1 寄付の経済理論 —— 利他的行動モデル

利他的な選好による寄付の2消費者モデル

まずもっとも単純な利他的行動のモデルを考える。2人の消費者、1および2を考え、1は利他的な効用関数をもち、2は利己的な効用関数をもつとしよう。消費者1および2の消費をそれぞれ x_1、x_2 とすると消費者1の効用関数は

$$u_1(x_1, x_2) \qquad (7\text{-}1)$$

と表され、消費者2の効用関数は

$$u_2(x_2) \qquad (7\text{-}2)$$

と表される。図7-1で、横軸に消費者1の消費、縦軸に消費者2の消費を測ると、消費者1の無差別曲線は、通常の消費者行動理論で想定されたものと同様な形をしているが、消費者2の効用は消費者1の消費には依存していないので、無差別曲線は水平となる。

2人の所得をそれぞれ ω_1、ω_2 とし、消費者1から消費者2への寄付額を D とすると、予算制約は

$$x_1 = \omega_1 - D \qquad (7\text{-}3)$$

$$x_2 = \omega_2 + D \qquad\qquad (7\text{-}4)$$

となる。それを合計すると

$$x_1 + x_2 = \omega_1 + \omega_2 = \omega \qquad\qquad (7\text{-}5)$$

という全体の制約条件が得られ、それが図7－1に$\omega\omega$線で示されている。点 m は2人の当初の所得を示している。この制約の下で、利他的な選好をもつ消費者1の効用を最大化する点を求める。通常の消費者行動理論を適応することにより、消費者1の無差別曲線が$\omega\omega$線に接する点 e であることが分かる。すなわち消費者1は $D = \omega_1 - e_1$ の寄付を消費者2に対して行い、消費者2は $D = e_2 - \omega_2$ の寄付を消費者1から受け取るような所得の再分配を表している。点 e は消費者1の効用を最大化しているが、当初の点 (ω_1, ω_2) と比較すると、消費者1の効用も消費者2の効用もともに増加していることが分かる。したがって、この寄付による所得の再配分はパレート改善であることがわかる。さらに$\omega\omega$線上で消費者2の効用をそれ以上増加させるためには、消費者1の効用を下げなくてはならないので、点 e はパレート効率的であることが分かる。

図7－1．

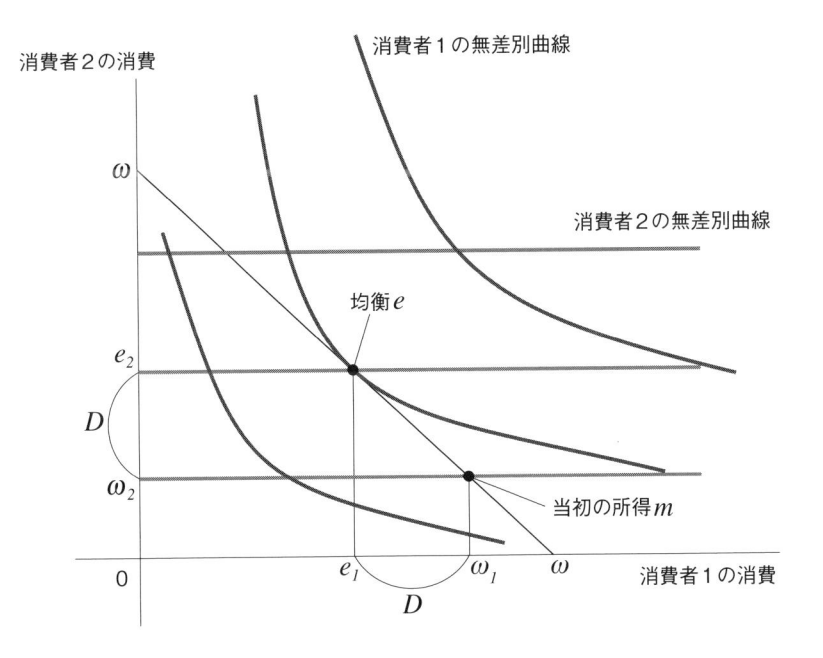

寄付税制の効果

　寄付に対する課税を考える。わが国の寄付税制では、寄付を行う主体と受ける主体、ならびに寄付の形態によって、寄付活動に対する課税は大きく異なっている。

　法人が寄付を行う場合、寄付金は法人の資本金と所得金額に応じた一定限度まで損金算入が認められている。このときに寄付金の支出先や使途は問われない。さらに、国または地方公共団体に対する寄付金と指定寄付金については、公益性が高いという観点から、全額損金算入が認められている。指定寄付金とは、広く一般に公募され、かつ公益性・緊急性が高い寄付金で、財務大臣の指定したものである。

個人が寄付を行う場合、公益性が高いと認められる特定寄付金については、一定の額まで課税所得から控除することが認められている。ここで特定寄付金とは、指定寄付金、特定公益増進法人への寄付金、国または地方公共団体への寄付金の合計をいう。

このように個人の場合には、控除限度額が設定されており、特定寄付金以外の一般の寄付金に対する優遇措置がまったくないことなど、全体として個人よりも法人優遇の税制となっている。

寄付金に対する課税の効果を、無差別曲線の概念を用いて考察する。ある個人の効用 U が、消費支出 C と寄付金支出 D に依存しているとしよう。C も D も消費者の効用を高める。消費者は一定額の所得 M を、効用を最大化するように C と D に配分する。この消費者の所得税率を t とすると、予算制約式は

$$M = C + D + tM \qquad (7\text{-}6)$$

となる。ここで寄付金の支出分だけ課税対象所得を減少させる所得控除方式の寄付優遇税制が導入されたとしよう。予算制約式は

$$M = C + D + t(M - D) \qquad (7\text{-}7)$$

に変わる。

図7-2で、横軸に消費支出 C を測り、縦軸に寄付金支出 D を測る。所得税が存在しない場合の予算線は $D_0 C_0$ である。所得税率 t の場合の予算制約式（7-6）に対応する予算線は $D_1 C_1$ であり、最適な C と D の組合せは点 e_1 で表される。

図7−2.　消費・寄付の選択と優遇税制

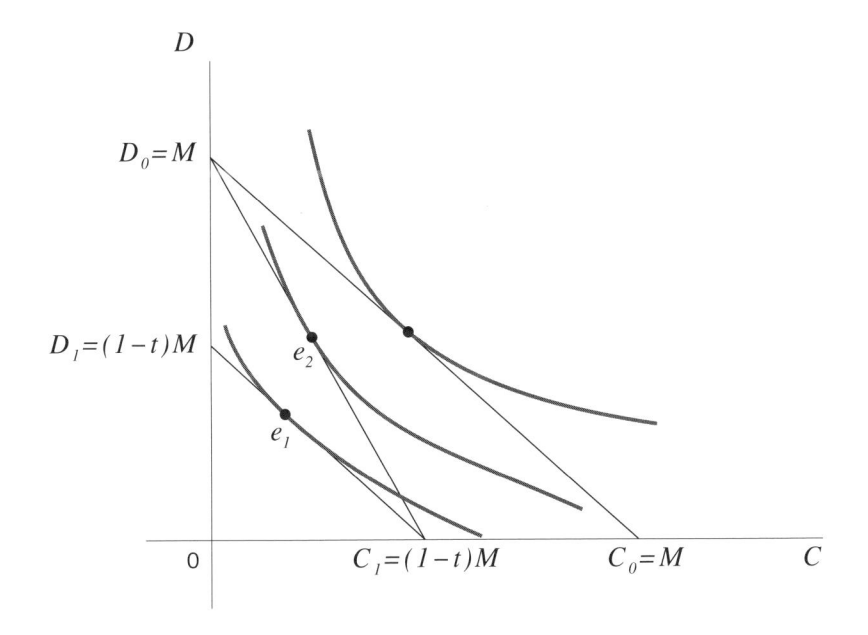

　寄付優遇税制が導入されたときの予算制約式（7-7）に対応する予算線は $D_0 C_1$ であり、そのときの最適な C と D の組み合わせは点 e_2 で表される。寄付優遇税制の導入により、最適点は e_1 から e_2 へと変化している。$D_1 C_1$ から $D_0 C_1$ へと予算線の傾きが急になっているのは、寄付の実質価格が優遇税制により低下したためであり、代替効果として寄付金支出 D は増加する。また優遇税制により実質所得も増加しており、寄付金支出 D が下級財でないかぎり、所得効果でも D は増加する。すなわち、寄付に関する免税措置は、寄付が下級財でない限り、所得効果、代替効果ともに、寄付を増加させる方向に働く。ここで所得効果とは寄付の免税措置による実質

所得の増加による効果を意味し、代替効果とは寄付の免税措置により寄付が消費に比べ相対的に安価になったことによる効果を意味する。

利他的選好の類型

より一般的な効用関数による類型化と他者による寄付の影響

他者への寄付や社会に対する貢献などの、利他的行動について、消費者の効用最大化の観点から理論的に考察する。効用関数の形態により、いくつかに類型化することができる。

社会全体に消費者が n 人存在するとし、寄付の総額を G、消費者 i による寄付額を g_i、消費者 i 以外による寄付の合計額を G_{-i} とする。消費者 i の私的財の初期保有量あるいは所得を ω_i、私的財の消費量を x_i で表すと

$$G = G_{-i} + g_i \tag{7-8}$$

$$x_i = \omega_i - g_i \tag{7-9}$$

である。

寄付総額 G は公共財（寄付の対象となる財）の生産に用いられ、その生産関数を

$$Z(G) \tag{7-10}$$

で表す。

第 II 部ではこの特殊型として

$$Z(G) = G \tag{7-11}$$

としていた。

公共財型（純粋利他的）慈善活動家

効用は私的財の消費量と公共財の供給水準に依存する。

$$u_i(\omega_i - g_i, Z(G)) \tag{7-12}$$

効用最大化1階の条件は

$$\frac{\partial u_i}{\partial x_i}(-1) + \frac{\partial u_i}{\partial Z}Z' = 0 \tag{7-13}$$

他者による寄付 G_{-i} の影響は

$$\frac{\partial u_i}{\partial G_{-i}} = \frac{\partial u_i}{\partial Z}Z' > 0 \tag{7-14}$$

であり、他者による寄付が増加すれば公共財の供給も増加するので、効用は増加する。

幸福感（Warm-glow）型慈善活動家

効用は私的財の消費量と公共財のために行った自分の寄付額に依存する。

$$u_i(\omega_i - g_i, g_i) \tag{7-15}$$

効用最大化1階の条件は

$$\frac{\partial u_i}{\partial x_i}(-1) + \frac{\partial u_i}{\partial g_i} = 0 \tag{7-16}$$

他者による寄付 G_{-i} の影響

$$\frac{\partial u_i}{\partial G_{-i}} = 0 \qquad\qquad (7\text{-}17)$$

公共財に関しては自分の寄付額 g_i のみに効用が依存しているので、他者による寄付額の変化に影響を受けない。

影響力（Impact）型慈善活動家

効用は私的財の消費量と公共財のために行った自分の寄付の影響力に依存する。同じ額の寄付 g_i を行っても、その影響力 δ_i が異なれば効用も異なる。

$$u_i(\omega_i - g_i, \delta_i) \ , \ \ \delta_i = Z(G_{-i} + g_i) - Z(G_{-i}) \qquad (7\text{-}18)$$

効用最大化 1 階の条件は

$$\frac{\partial u_i}{\partial x_i}(-1) + \frac{\partial u_i}{\partial \delta_i}Z' = 0 \qquad\qquad (7\text{-}19)$$

他者による寄付 G_{-i} の影響は

$$\frac{\partial u_i}{\partial G_{-i}} = \frac{\partial u_i}{\partial \delta_i}\{Z'(G_{-i} + g_i) - Z'(G_{-i})\} < 0 \ if \ Z'' < 0 \qquad (7\text{-}20)$$

効用の変化は公共財の生産に関する技術に依存する。限界生産力が逓減するのであれば、他者による寄付が増加するにしたがって、同じ寄付額であっても、自分の影響力は逓減するので、効用は減少する。

7-3 利他係数と所得再分配の効果

一般的効用関数での個人の最適化問題

私的財の消費、公共財の供給水準、および自分の寄付額 g_i に効用が依存する、一般的な効用関数を考える。

$$u_i(x_i, G, g_i) \qquad (7\text{-}21)$$

この効用関数の特殊型として、(7-12) に対応する

$$u_i(x_i, G) : 純粋利他的 \qquad (7\text{-}22)$$

および (7-15) に対応する

$$u_i(x_i, g_i) : 純粋幸福感型 \qquad (7\text{-}23)$$

が考えられる。

ここで u_i は2回連続微分可能、厳密に準凹、厳密に増加関数とする。

一般的な効用関数をもつ消費者であっても、公共財の供給量をより重視するか、自分の寄付額をより重視するかで、さまざまなタイプがあると考えられる。個人の効用最大化から導き出される寄付額が、そうしたタイプの違いにどのように影響を受けるかを考察する。

消費者 i にとって ω_i および G_{-i} は所与であるので、g_i を決めれば x_i および G が決まり、効用水準が決まる。したがって個人 i の効用最大化問題は以下のように表される。

$$\max_{g_i \geq 0} . u_i(\omega_i - g_i, G_{-i} + g_i, g_i) \qquad (7\text{-}24)$$

1階の条件は

$$\frac{d}{dg_i} u_i(\omega_i - g_i, G_{-i} + g_i, g_i) \leq 0 \ (= 0 \ if \ g_i > 0)$$
（7-25）

である。$g_i = G - G_{-i}$ であるので、（7-24）の効用最大化問題を G につ
いて解く形で考える。

$$\max_{G \geq G_{-i}} . u_i(\omega_i + G_{-i} - G, \ G, \ G - G_{-i})$$
（7-26）

この問題の解 G を関数

$$f^i(\omega_i + G_{-i}, \ G_{-i})$$
（7-27）

で表す。寄付額 g_i は非負であるので、個人 i にとって最適な G および g_i
は以下のように表される。

$$\hat{G} = \max\{f^i(\omega_i + G_{-i}, \ G_{-i}), \ G_{-i}\}$$
（7-28）

$$\hat{g}_i = \max\{f^i(\omega_i + G_{-i}, \ G_{-i}) - G_{-i}, \ 0\}$$
（7-29）

消費者 i にとって最適な G の値を示す関数（7-27）を他者による寄付
額 G_{-i} で微分する。

$$\frac{df^i}{dG_{-i}} = \frac{\partial f^i}{\partial(\omega_i + G_{-i})} \frac{\partial(\omega_i + G_{-i})}{\partial G_{-i}} + \frac{\partial f^i}{\partial G_{-i}}\bigg|_{d(\omega_i + G_{-i})=0}$$
（7-30）

この導関数 $\dfrac{df^i}{dG_{-i}}$ は、社会的所得とも呼ばれる $\omega_i + G_{-i}$ の変化の効果
と、G_{-i} の変化が ω_i の変化によって相殺されるような、社会的所得が一

定である場合の効果に分けられる。$\dfrac{d\omega_i}{dG_{-i}} = 0$ であれば、すなわち他者の

寄付が消費者 i の所得に影響を与えないのであれば

$$\frac{df^i}{dG_{-i}} = \frac{\partial f^i}{\partial G_{-i}} \qquad (7\text{-}31)$$

となる。

限界寄付性向

社会的所得 $\omega_i + G_{-i}$ が 1 単位増加したときに、消費者 i にとって最適な G の値がどのように変化するかは、利他主義に基づく限界寄付性向 f_a^i ということができる。

$$f_a^i \equiv \frac{\partial f^i(\omega_i + G_{-i}, \, G_{-i})}{\partial(\omega_i + G_{-i})} \qquad (7\text{-}32)$$

私的財 x_i と公共財 G がともに正常財であるならば $0 < f_a^i < 1$ である。すなわち、社会的所得の増加の一部は私的財に、一部は公共財のための寄付に向けられる。

G_{-i} の変化が ω_i の変化によって相殺されるような、社会的所得が一定である場合の、消費者 i にとって最適な G の値がどのように変化するかは、幸福感に基づく限界寄付性向 f_e^i ということができる。

$$f_e^i \equiv \frac{\partial f^i(\omega_i + G_{-i}, \, G_{-i})}{\partial G_{-i}} \bigg|_{d(\omega_i + G_{-i})=0} \qquad (7\text{-}33)$$

私的財 x_i と寄付 g_i がともに正常財であるならば $0 < f_e^i < 1$ である。なぜならば、いま G_{-i} が 1 単位減少し、ω_i が 1 単位増加したとしよう。ω_i の増加分の一部は私的財に、一部は寄付に向けられる。私的財に向けられる部分があるので、g_i の増加分は G_{-i} の減少分を相殺せず、消費者 i にとって最適な G の値は減少する。したがって $0 < f_e^i < 1$ といえる。

他人の寄付額が初期保有に影響を与えなければ、すなわち $\dfrac{d\omega_i}{dG_{-i}} = 0$ であれば

$$
\frac{df^i}{dG_{-i}} = \frac{\partial f^i}{\partial(\omega_i + G_{-i})}\frac{\partial(\omega_i + G_{-i})}{\partial G_{-i}} + \frac{\partial f^i}{\partial G_{-i}}\bigg|_{d(\omega_i + G_{-i})=0} = f_a^i + f_e^i
$$

$$(7\text{-}34)$$

$$
\frac{\partial f^i}{\partial \omega_i} = \frac{\partial f^i}{\partial(\omega_i + G_{-i})}\frac{\partial(\omega_i + G_{-i})}{\partial \omega_i} = f_a^i
$$

$$(7\text{-}35)$$

となる。

選好が純粋に利他的であるならば、すなわち、$u_i(x_i, G)$ の形であるならば予算線が変わらなければ最適な G も変わらないので

$$
f_e^i = 0
$$

$$(7\text{-}36)$$

選好が純粋に幸福感型であるならば、すなわち、$u_i(x_i, g_i)$ の形であるならば G_{-i} が変わっても最適な g_{-i} は変わらず、G は G_{-i} の変化分だけ変化するので

$$
f_a^i + f_e^i = 1
$$

$$(7\text{-}37)$$

となる。

利他係数

限界寄付性向の概念を用いて、消費者の選好における利他的な要素の尺度を考える。消費者 i にとって最適な公共財の水準を示す関数 $f^i(\omega_i + G_{-i}, G_{-i})$ が与えられたときに、消費者 i の利他係数を次のように定義する。

定義7－1. 消費者 i にとって、最適な公共財の水準 G を示す関数 $f^i(\omega_i + G_{-i}, G_{-i})$ が与えられたとき、

$$\alpha_i = \frac{\partial f^i / \partial \omega_i}{\partial f^i / \partial G_{-i}} = \frac{f_a^i}{f_a^i + f_e^i}$$

を消費者 i の利他係数と呼ぶ。

所得が再分配されるときに、利他係数の相違と公共財の総量との関係を考察すると以下の命題が導かれる。

命題7－1. 利他係数が低い消費者から利他係数が高い消費者へ所得移転を行うと、競争均衡において寄付の総供給量は増加する。その増加分は $d\omega_1 = -d\omega_2 = d\omega$ とすると以下のように示される。

$$\frac{dG}{d\omega} = c(\alpha_1 - \alpha_2) \text{ 、} c = \left(1 + \sum_i \frac{1 - f_a^i - f_e^i}{f_a^i + f_e^i}\right)^{-1}$$

すなわち、利他係数の差に比例して寄付の総額が増加することが示される。

例 7－1. 純粋に幸福感型　$u_i(x_i, g_i) = x_i g_i$

$$u_i(x_i, g_i) = x_i g_i = (\omega_i + G_{-i} - G)(G - G_{-i})$$

1階の条件　$\dfrac{du_i}{dG} = \omega_i + 2G_{-i} - 2G = 0$

$$G = f^i(\omega_i + G_{-i}, G_{-i}) = \frac{\omega_i + G_{-i}}{2} + \frac{G_{-i}}{2}$$

$$f_a^i = \frac{1}{2} \quad,\quad f_e^i = \frac{1}{2} \quad,\quad \alpha_i = \frac{1}{2}$$

例 7－2. 純粋に利他的　$u_i(x_i, G) = x_i G$

$$u_i(x_i, G) = x_i G = (\omega_i + G_{-i} - G)G$$

1階の条件　$\dfrac{du_i}{dG} = \omega_i + G_{-i} - 2G = 0$

$$G = f^i(\omega_i + G_{-i}, G_{-i}) = \frac{\omega_i + G_{-i}}{2}$$

$$f_a^i = \frac{1}{2} \quad,\quad f_e^i = 0 \quad,\quad \alpha_i = 1$$

例 7－3.　$u_i(x_i, G, g_i) = a x_i G + (1-a) x_i g_i$

$$u_i(x_i, G, g_i) = a(\omega_i + G_{-i} - G)G + (1-a)(\omega_i + G_{-i} - G)(G - G_{-i})$$

1階の条件

$$\frac{du_i}{dG} = a(\omega_i + G_{-i} - 2G) + (1-a)(\omega_i + G_{-i} - 2G + G_{-i}) = 0$$

$$G = f^i(\omega_i + G_{-i}, G_{-i}) = \frac{\omega_i + G_{-i}}{2} + \frac{(1-a)G_{-i}}{2}$$

$$f_a^i = \frac{1}{2} \quad 、 f_e^i = \frac{1-a}{2} \quad 、 \alpha_i = \frac{1}{2-a}$$

7-4 財および動機の代替・補完関係

効用関数と代替・補完関係

　幸福感と利他的選好に基づく動機、および寄付と公共財との間の代替、補完関係を考える。ここでは、通常のような価格と需要との関係ではなく、限界効用に対する影響、すなわち2階の導関数の符号で代替、補完関係を定義する。

　定義7-2.

$$\frac{\partial^2 u_i}{\partial G \partial g_i} \equiv u_{Gg}^i < 0$$

であれば、公共財と寄付は代替財であり、利他的選好に基づく寄付と幸福感に基づく寄付は代替関係にある。

$$u^i_{Gg} > 0$$

であれば、公共財と寄付は補完財であり、利他的選好に基づく寄付と幸福感に基づく寄付は補完関係にある。

効用最大化の1階の条件（7-25）が等号で成立する場合の式

$$\frac{d}{dg_i}u_i(m_i - g_i, G_{-i} + g_i, g_i) = 0 \tag{7-38}$$

を G_{-i} で微分する。

$$u^i_G \equiv \frac{\partial u_i}{\partial G}、u^i_{GG} \equiv \frac{\partial^2 u_i}{\partial G^2}、u^i_{Gx} \equiv \frac{\partial^2 u_i}{\partial G \partial x_i} \text{ と表記する。}$$

ここで変数は g_i および G_{-i} であり、$\dfrac{dG}{dG_{-i}} = 1$ であるので

$$\frac{d^2}{dg_i dG_{-i}}u_i = \frac{d^2}{dg_i^2}u_i\frac{d\widehat{g_i}}{dG_{-i}} + \frac{d}{dg_i}u^i_G\frac{dG}{dG_{-i}} = \frac{d^2}{dg_i^2}u_i\frac{d\widehat{g_i}}{dG_{-i}} + \frac{d}{dg_i}u^i_G = 0 \tag{7-39}$$

となり

$$\frac{d\widehat{g_i}}{dG_{-i}} = -\frac{\dfrac{d}{dg_i}u^i_G}{\dfrac{d^2}{dg_i^2}u_i} \tag{7-40}$$

が得られる。

純粋な幸福感型の効用ではない場合、すなわち

$$0 < \frac{df^i}{dG_{-i}} = f_a^i + f_e^i < 1 \tag{7-41}$$

である場合には、（7-29）および（7-34）より

$$\frac{d\widehat{g}_i}{dG_{-i}} = f_a^i + f_e^i - 1 \tag{7-42}$$

であるので

$$\frac{d\widehat{g}_i}{dG_{-i}} = -\frac{\dfrac{d}{dg_i}u_G^i}{\dfrac{d^2}{dg_i^2}u_i} < 0 \tag{7-43}$$

となり、分母が負であるので分子も負でなければならず

$$\begin{aligned}\frac{d}{dg_i}u_G^i &= u_{Gx}^i\frac{dx_i}{dg_i} + u_{GG}^i\frac{dG}{dG_{-i}} + u_{Gg}^i \\ &= -u_{Gx}^i + u_{GG}^i + u_{Gg}^i \\ &< 0\end{aligned} \tag{7-44}$$

が得られる。したがって、$u_{Gx}^i = 0$であるならば、

$$u_{Gg}^i < -u_{GG}^i \tag{7-45}$$

となる。これは$u_{Gg}^i < 0$と$u_{Gg}^i > 0$のどちらも取り得ることを意味する。$u_{Gg}^i < 0$であれば公共財と私的寄付は代替財、あるいは幸福感型と利他的

選好に基づく動機は代替関係にあるといえる。$u_{Gg}^i > 0$ であれば公共財と私的寄付は補完財、あるいは幸福感型と利他的選好に基づく動機は補完関係にあるといえる。

同様にして、$u_{Gg}^i = 0$ であれば

$$u_{GG}^i < -u_{Gx}^i \tag{7-46}$$

となる。これは $u_{Gx}^i < 0$ と $u_{Gx}^i > 0$ のどちらも取り得ることを意味する。$u_{Gx}^i < 0$ であれば公共財と私的財は代替財、$u_{Gx}^i > 0$ であれば公共財と私的寄付は補完財であるといえる。

他者による寄付額とただ乗り問題

他者による寄付額と個人の自発的寄付額との関係を考える。

定義7－3. 消費者 i の自発的寄付額 g_i が 0 となるような他者による寄付額の合計 G_{-i} の最小値、すなわち

$$g_i = 0 \iff G_{-i} \geq G_i^0$$

となるような G_i^0 を消費者 i の閾値という。

閾値 G_i^0 は以下の式の解である。

$$f^i(\omega_i + G_i^0,\, G_i^0) - G_i^0 = 0 \tag{7-47}$$

$f_a^i + f_e^i - 1 < 0$、かつ $f^i(\omega_i,\, 0) > 0$ すなわち他者の寄付が 0 であっても寄付をすると仮定すると、（7-47）の解があるとすれば一意で、かつ厳密に正である。もし解が存在しないのであれば、消費者 i はいかなるときもただ乗りをしないことを意味する。その場合は便宜的に $G_i^0 = \infty$ とす

る。1階の条件（7-25）から G_i^0 は

$$\frac{d}{dg_i}u_i(\omega_i, G_i^0, 0) = 0 \qquad\qquad (7\text{-}48)$$

を満たす（図7－3）。すなわち $g_i = 0$ の点で効用は最大化される。

図7－3.

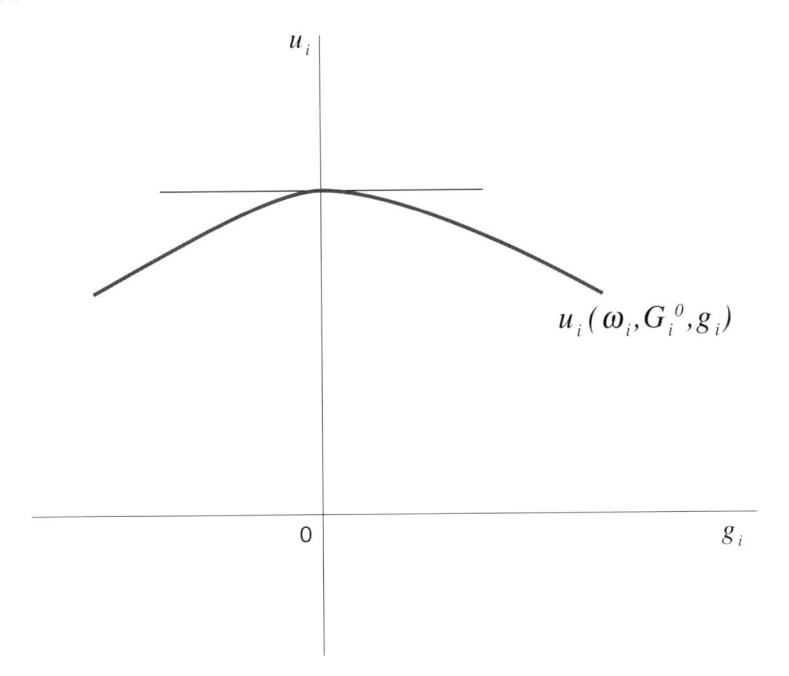

$$u_i(\omega_i, G_i^0, g_i)$$

$G_{-i} = 0$ であっても寄付をすると仮定、すなわち $\dfrac{d}{dg_i}u_i(\omega_i, 0, 0) > 0$

とするので、G_i^0 は、ある G に対して $\dfrac{d}{dg_i}u_i(\omega_i, G, 0) \leq 0$ であるとき、

かつそのときのみ存在する（図7－4）。

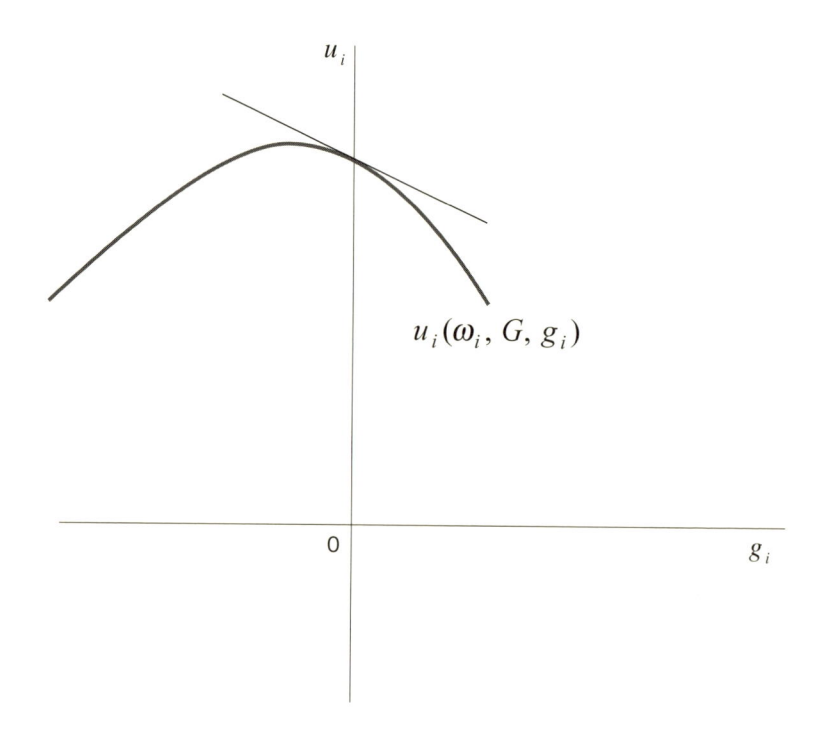

$$u_i(\omega_i, G, g_i)$$

したがって消費者 i は、すべての G に対して、$\dfrac{d}{dg_i}u_i(\omega_i, G, 0) > 0$ であるとき、かつそのときのみ、けっしてただ乗りはしない（図7－5）。すなわち、すべての公共財の水準において幸福感に基づく動機がある限りただ乗りはしないことがいえる。

図7－5.

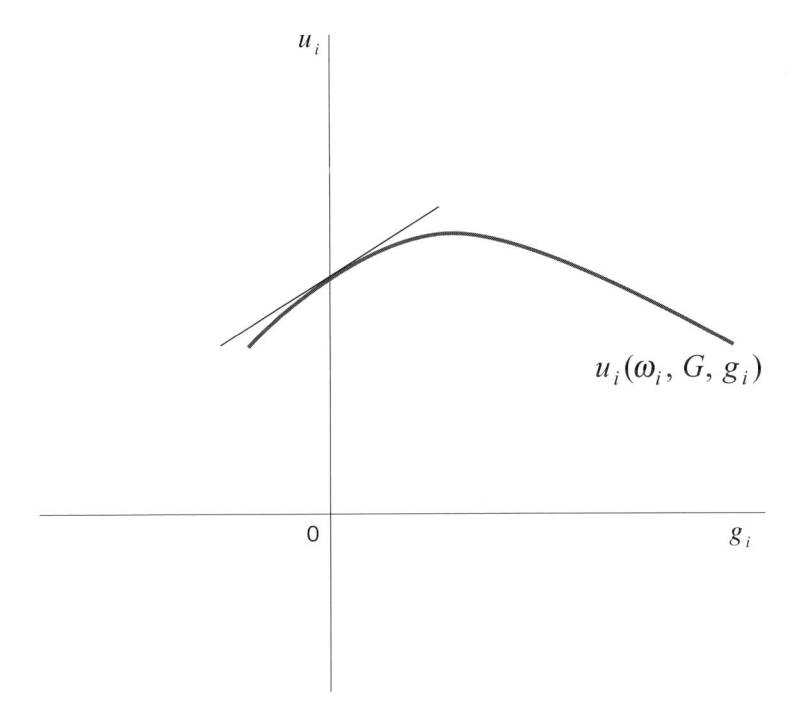

$u_i(\omega_i, G, g_i)$

第8章
純粋分配社会システム

8-1 非戦略的、非協力相互依存関係

消費の外部性を考慮した社会システム

　消費者間の非戦略的、非協力相互依存関係に基づいた、所得再分配システムを考える。富は貨幣単位で測られ、その総額は固定されており、n人の消費者に初期配分されるとする。

$$\omega = (\omega_1, ..., \omega_n) \tag{8-1}$$

　富の所有者はそれを消費するか、他者に移転することができる。消費はxで表される。

$$x = (x_1, ..., x_n) \tag{8-2}$$

　消費者iから消費者jへの贈与をt_{ij}によって表す。社会全体の贈与は、贈与ベクトル

$$t = (t_1, ..., t_n) \, , \; t_i = (t_{i1}, t_{i2}, ..., t_{ii-1}, t_{ii+1}, ..., t_{in}) \tag{8-3}$$

によって表される。贈与ベクトルが与えられると、各消費者の消費は

$$x_i + \sum_{j:j \neq i} t_{ij} = \omega_i + \sum_{j:j \neq i} t_{ji} \tag{8-4}$$

となる。

効用関数

$$u_i : x \rightarrow u_i(x) \qquad (8\text{-}5)$$

は消費分配の空間 R^n 上で定義される。すなわち、各個人の効用はすべての人々の消費に依存し、消費における外部性が存在する。

ここで

$$\frac{\partial u_j}{\partial x_i} \neq 0 \qquad (8\text{-}6)$$

ならば、消費者 i の消費 x_i は外部効果をもたらし、消費者 j にとってある種の公共財（public good）となる。

$$\frac{\partial u_j}{\partial x_i} > 0 \qquad (8\text{-}7)$$

ならば x_i は外部経済をもたらし、消費者 j にとって公共財であり、

$$\frac{\partial u_j}{\partial x_i} < 0 \qquad (8\text{-}8)$$

ならば x_i は外部不経済をもたらし、消費者 j にとって公共害（public bad）である。

$u = (u_1, \cdots, u_n)$ と表し、社会システムを定義する。

定義8－1. 効用関数と初期配分の組み合わせ (u, ω) を分配社会システムという。

分配均衡とその条件

　分配社会システムにおける均衡を定義し、その条件を求める。贈与ベクトル $t = (t_1, ..., t_n)$ のなかで、消費者 i 以外の贈与を $t_{-i} = (t_1, ..., t_{i-1}, t_{i+1}, ..., t_n)$ によって表す。贈与ベクトル t が与えられると、消費者 i の消費 x_i は（8-4）から

$$x_i(\omega, t) = \omega_i + \Delta_i t \qquad\qquad (8\text{-}9)$$

と表される。ここで $\Delta_i t = \displaystyle\sum_{j:j\neq i} t_{ji} - \sum_{j:j\neq i} t_{ij}$ とする。

　定義8-2. 分配社会システム (u, ω) の分配均衡とは、贈与ベクトル t^* で、すべての i について

$$\{t_i : x_i(\omega, (t^*_{-i}, t_i)) \geq 0\}$$

のなかにおいて

$$t_i \to u_i(x(\omega, (t^*_{-i}, t_i)))$$

が最大値をとるものである。

　これは、それぞれの消費者が他人の行動を所与として、自分の効用を最大化しているので贈与ベクトル t^* がクールノー・ナッシュ均衡であることを示している。

　仮定8-1. すべての i について（ⅰ）u_i は微分可能である、（ⅱ）u_i は準凹、（ⅲ）u_i は x_i について厳密に増加関数である、（ⅳ）$\omega_i > 0$ である。

　定理8-1. 仮定8-1の下で、贈与ベクトル t が分配社会システム

(u, ω) の分配均衡であるのは以下の条件を満たすとき、かつそのときのみである。

（ i ）$x_i(\omega, t) = 0$ あるいは $-\dfrac{\partial u_i(x(\omega, t))}{\partial x_i} + \dfrac{\partial u_i(x(\omega, t))}{\partial x_j} \leq 0$ 、

（ ii ）かつ $\left(-\dfrac{\partial u_i(x(\omega, t))}{\partial x_i} + \dfrac{\partial u_i(x(\omega, t))}{\partial x_j} \right) t_{ij} = 0$

　この定理の条件（ i ）（ ii ）は、消費者 i にとって、自分以外の贈与ベクトル t_{-i}^* を所与として、自分の消費 x_i を非負とするような贈与ベクトル

$$\{ t_i \in R_+^{n-1} : x_i(\omega, (t_{-i}, t_i)) \geqq 0 \}$$

のなかで、t_i^* が自分の効用

$$u_i(x(\omega, (t_{-i}^*, t_i)))$$

を最大化する 1 階の条件である。

　ここで

$$-\frac{\partial u_i(x(\omega, t))}{\partial x_i} + \frac{\partial u_i(x(\omega, t))}{\partial x_j} \tag{8-10}$$

は、消費者 i から消費者 j へ富を限界的に 1 単位移転したときの消費者 i の効用水準の限界的な変化を示している。

$$-\frac{\partial u_i(x(\omega, t))}{\partial x_i} + \frac{\partial u_i(x(\omega, t))}{\partial x_j} > 0 \tag{8-11}$$

であれば消費者 i の効用水準は増加し、

$$-\frac{\partial u_i(x(\omega, t))}{\partial x_i} + \frac{\partial u_i(x(\omega, t))}{\partial x_j} < 0 \tag{8-12}$$

であれば消費者 i の効用水準は減少する。

8-2 分配均衡の図式的表現

分配の基準化

社会全体の富の総計を1と基準化し、主体数が3の場合、実現可能な分配の集合 S_3 に含まれる点は正三角形によって表される（図8-1）。

$$S_3 = \{x \in R_+^3 : \sum_{i=1}^{3} x_i = 1\} \tag{8-13}$$

図8-1.

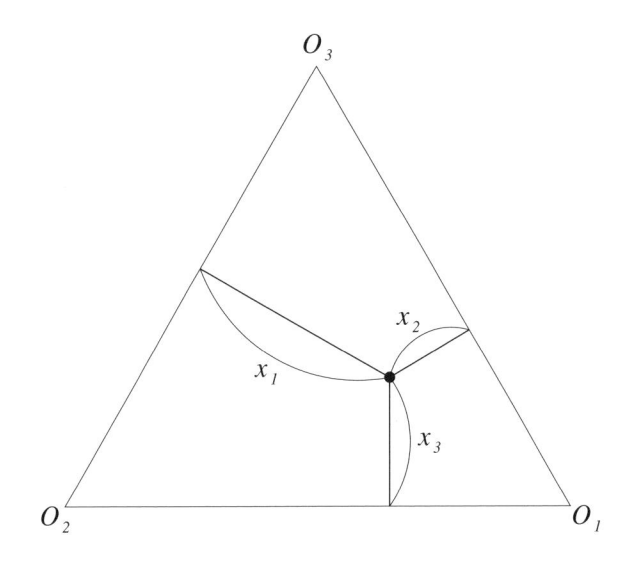

貨幣単位で測られた、消費者 i の富である x_i は、O_i から底辺 $O_j O_k$, j, $k \neq i$ に引いた垂線の長さによって表される。頂点 O_i は $x_i = 1$、すなわちすべての富を消費者 i がもつ状態を示している。

消費者 i にとってもっとも高い効用をもたらす消費を $x^i = (x_1^i, x_2^i,$

x_3^i) とする。選好が凸で利他的な仮定の下で、消費者 i の無差別曲線は $x^i = (x_1^i, x_2^i, x_3^i)$ を中心として図8−2および図8−3のように描かれる。

図8−2.

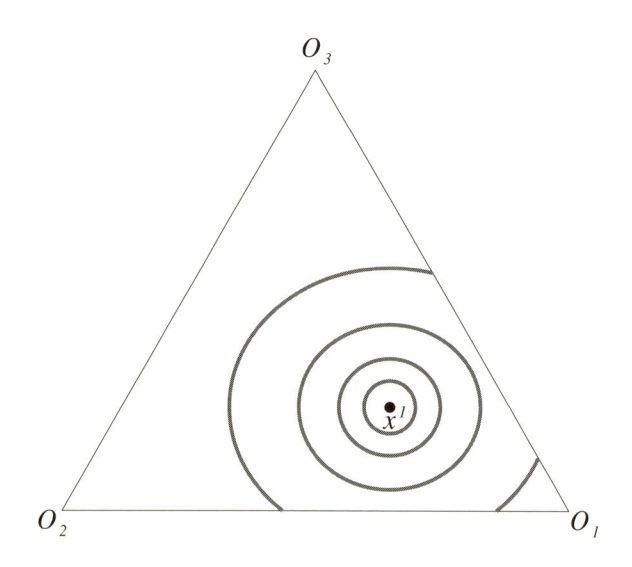

図8−3.

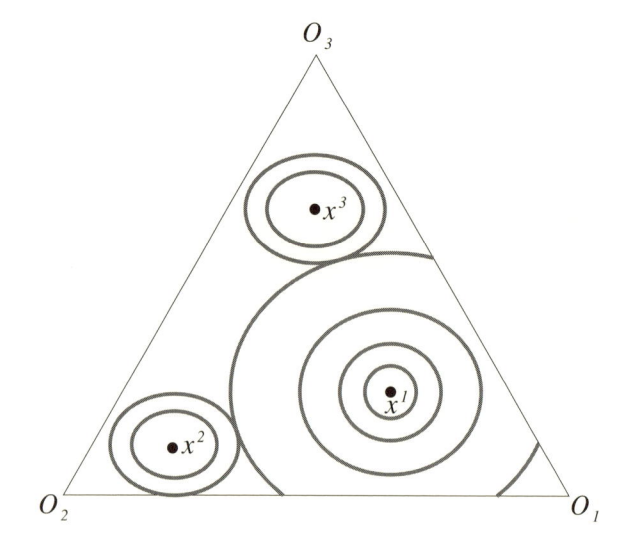

均衡条件を満たす分配

定理8－1で示された分配均衡の条件である

$$-\frac{\partial u_i(x(\omega, t))}{\partial x_i} + \frac{\partial u_i(x(\omega, t))}{\partial x_j}$$ (8-13)

の符号を図で考える。

図8－4.

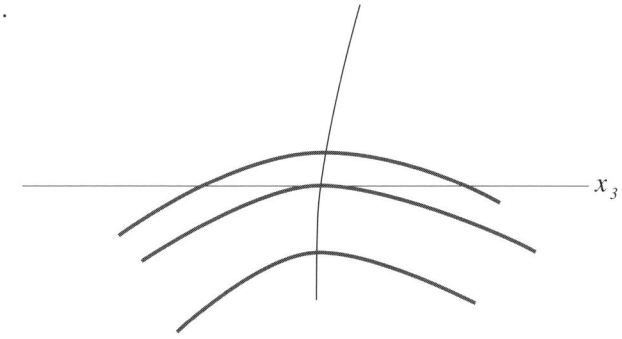

$i = 1$、$j = 2$とすると消費者3の富は一定と考えるので、消費者1から消費者2への贈与は水平線上の、右から左への動きで示される（図8－4）。このとき、消費者1にとって上位の無差別曲線に移れば

$$-\frac{\partial u_1(x(\omega, t))}{\partial x_1} + \frac{\partial u_1(x(\omega, t))}{\partial x_2} > 0$$ (8-14)

であり、下位の無差別曲線に移れば

$$-\frac{\partial u_1(x(\omega, t))}{\partial x_1} + \frac{\partial u_1(x(\omega, t))}{\partial x_2} < 0$$ (8-15)

である。無差別曲線が水平線に接している点では効用水準が変化しないので

$$-\frac{\partial u_1(x(\omega, t))}{\partial x_1} + \frac{\partial u_1(x(\omega, t))}{\partial x_2} = 0 \qquad (8\text{-}16)$$

となる。

　図8－4において、消費者1の無差別曲線は下にいくほど高い効用水準に対応しているので、条件（8-16）を満たす傾きゼロの点の軌跡である曲線の右側の領域は条件（8-14）を満たし、左側の領域は条件（8-15）を満たすことがわかる。

　より一般的な条件

$$-\frac{\partial u_i(x(\omega, t))}{\partial x_i} + \frac{\partial u_i(x(\omega, t))}{\partial x_j} = 0 \qquad (8\text{-}17)$$

を満たす領域が図8－5で示される。消費者 i にとってもっとも高い効用をもたらす x^i を中心とする無差別曲線群が、底辺 $O_i O_j$ および $O_i O_k$ と平行な線と接する点の軌跡として描かれている。

図8－5.

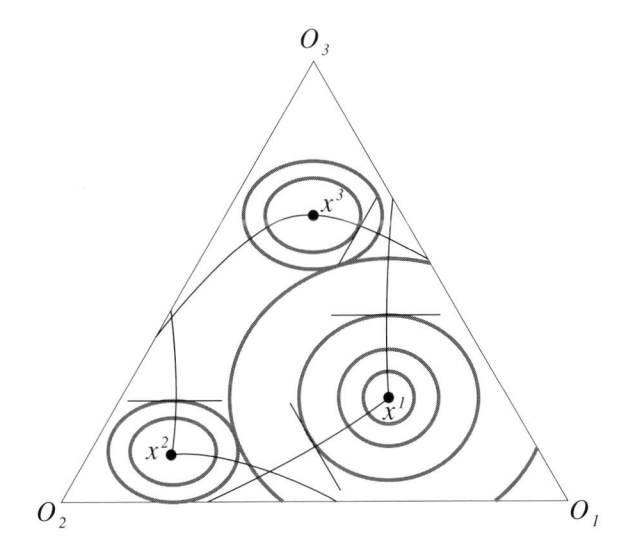

定理8－1から、分配均衡は図8－6で影をつけた領域

$$\left\{ x \in S_3 : -\frac{\partial u_i\,(x(\omega,\,t))}{\partial x_i} + \frac{\partial u_i\,(x(\omega,\,t))}{\partial x_j} \leqq 0 \,;\, \text{for all}\,(i,\,j) \right\} \quad (8\text{-}18)$$

によって表される。

図8－6.

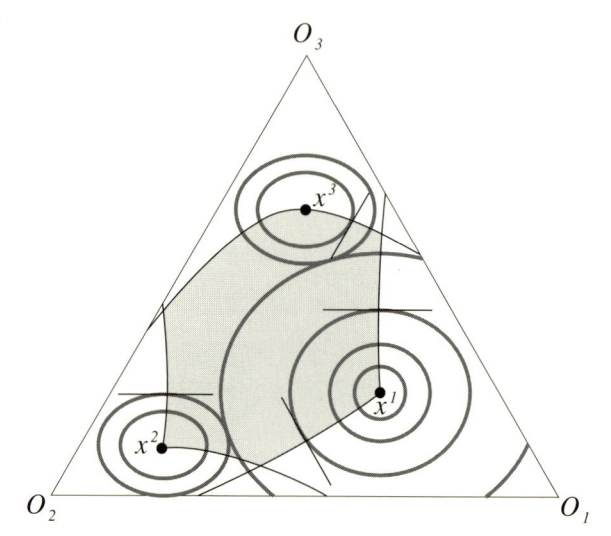

第9章
自発的所得再分配

9-1 社会的相互依存関係の理論

家長としょうがない子ども

　利他的な効用関数をもつ家長（head）と利己的な効用関数をもつそれ以外の主体からなる比較的少数な集団を考える。家長を消費者１、それ以外を消費者２、３とする。家長の効用関数は厳密に単調であるとする。

$$x > x' \text{ ならばつねに } u_1(x) > u_1(x') \tag{9-1}$$

すなわち、家長にとって他のどの構成員の消費が増えても効用は増加する。

　家長以外は利己的な効用関数をもち

$$u_i(x) = x_i, \ \forall x, \ \forall i \neq 1 \tag{9-2}$$

とする。家長は予算制約

$$x_1 + \sum_{j \neq 1} t_{1j} = \omega_1 \tag{9-3}$$

の下で効用最大化行動をとる。

家長の下での均衡

　利他的な選好をもつ家長の下での均衡を定義し、その条件を求める。こ

の場合の分配均衡は、制約条件のもとで家長の効用を最大化し、かつ家長以外の構成員にとって初期保有よりも効用が高い状態である。

定義 9 − 1．利他的な家長（消費者1）と利己的な構成員からなる社会の分配均衡（Becker 均衡）x^* は

$$\max . \{u_1(x) : x \in S_n\}$$

の解であり、かつ

$$x_i^* > \omega_i, \ \forall i > 1$$

となるものである。

定理 9 − 1．消費者1が家長の場合、家長の効用を最大化する分配 x^1 は、初期保有が

$$\{\omega \in S_3 : \omega_j < x_j^1, \ \forall j \neq 1\}$$

の中にあるとき、かつそのときのみ分配均衡（Becker均衡）となる。

図 9 − 1 では、初期配分 ω が平行四辺形 $x^1 a O_1 b$ の内点であることであり、$x_2^1 > \omega_2$ かつ $x_3^1 > \omega_3$ である。

図9－1.

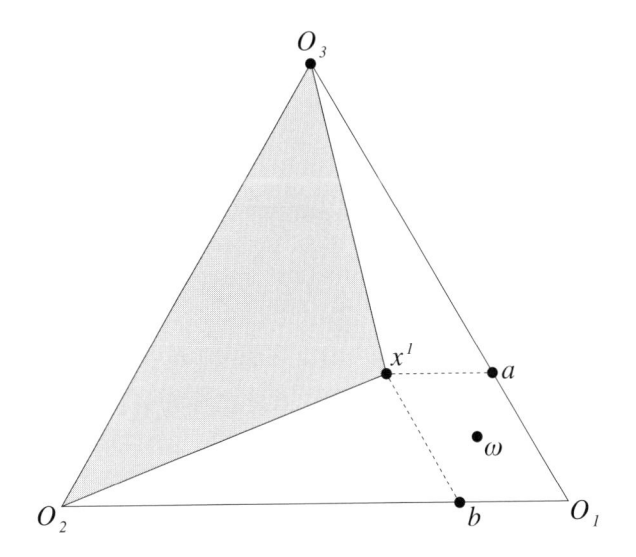

9-2 最適かつ自発的所得分配

利他的であるが、自分がもっとも大事な選好

各消費者の効用関数が

$$u_i(x) = \varphi_i(x_i) + \sum_{j \neq i} \varphi(x_j) \qquad (9\text{-}4)$$

$$\frac{d\varphi_i(z)}{dz} > \frac{d\varphi(z)}{dz}$$

と表されるような厳密に凹、微分可能な R から R への $n+1$ 個の増加関数 $\varphi, \varphi_1, \cdots, \varphi_n$ が存在すると想定する。この効用関数は、厳密に単調増加であり、他人の消費にも依存しているので利他的ではあるが、自分と同額

の富をもっている他人への富の移転は効用を下げるという意味で、自分を
もっとも大事にしている（selfishness あるいは self-centredness）選好を
表している。また、自分以外の他人に対する再分配の影響を同一とみな
す、すなわち同じ関数 φ で評価しているので、部分的功利主義の考え方を
表しているということができる。

　この枠組みにおける分配均衡を Arrow 均衡と呼ぶ。Arrow 均衡を特徴
付けるため、つぎのような関数

$$\xi_i : R \to R \tag{9-5}$$

を

$$-\frac{d\varphi_i(\xi_i(z))}{dz} + \frac{d\varphi(z)}{dz} = 0 \tag{9-6}$$

によって定義する。

　すなわち消費者 i にとって、他者の消費 z からの限界効用と自分の消費
からの限界効用が一致するような消費水準を $\xi_i(z)$ で表す。自分がもっと
も大事であり、かつ限界効用が逓減するのであれば

$$z < \xi_i(z) \tag{9-7}$$

である。

図9－2.

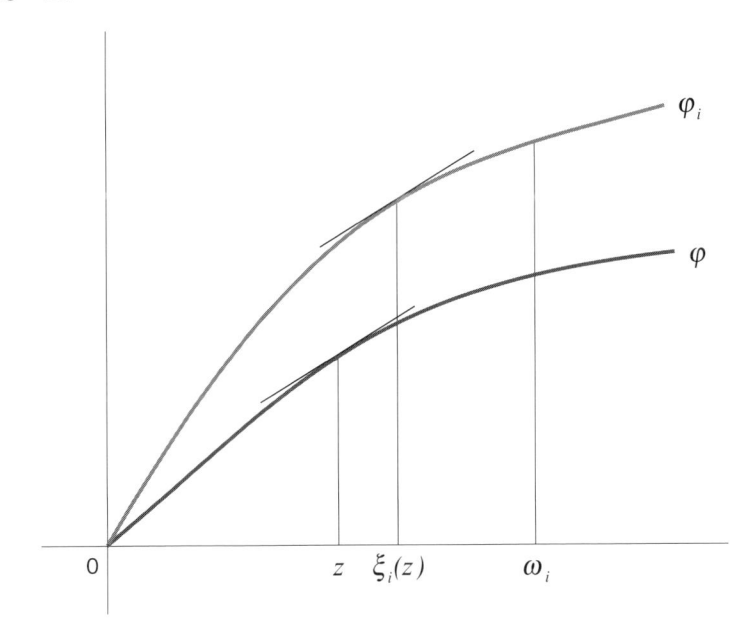

すべての消費者の初期保有額のなかでの最低額を $Min_j\omega_j$ と表すと、

$$\omega_i > \xi_i(Min_j\omega_j) \tag{9-8}$$

ならば

$$\frac{d\varphi_i(\omega_i)}{dz} < \frac{d\varphi_i(\xi_i(Min_j\omega_j))}{dz} = \frac{d\varphi(Min_j\omega_j)}{dz} \tag{9-9}$$

したがって

$$-\frac{d\varphi_i(\omega_i)}{dz} + \frac{d\varphi(Min_j\omega_j)}{dz} > 0 \tag{9-10}$$

となるので、消費者 j への富の限界的な移転は消費者 i の効用を増加させるのであり、消費者 i が寄付者となる。すなわち、初期保有が最低額の消費者 j に富を限界的に移転することによって効用が増加する消費者 i が寄付者となる。したがって寄付者の集合は

$$\{i : \omega_i > \xi_i(Min_{\ j}\omega_j)\} \tag{9-11}$$

となる。

　分配均衡（Arrow 均衡）を x^* とすると寄付の受取者の集合は

$$\{j : x_j^* > \omega_j\} \tag{9-12}$$

となる。

　Arrow 均衡において、すべての受取者は同じ値の富をもち、最小均衡富 $Min_j\ x_j^*$ に対応し、x_{min} で示される。すなわち、すべての受取者にとって

$$x_i^* = Min_j\ x_j^* = x_{min}\ \text{である。}$$

これらの議論から以下の命題が導かれる。

　命題 9 - 1．Arrow の自明でない、すなわち初期保有と異なる分配均衡がパレート効率的⇔分配均衡において、ただ 1 人の個人が最低均衡富 x_{min} よりも大きい富をもつ

　命題 9 - 2．Arrow の自明でない分配均衡が Becker 均衡⇔初期保有が $\{\omega \in S_3 : \omega_j < x_j^l,\ \forall j \neq 1\}$ の中にある。

9-3 公共財の私的供給

富者と貧者からなる社会

社会の構成員を富者と貧者に分けて考える。

富者を $\{1, ..., m\}$ とし、その効用関数を

$$u_i(x) = \mu_i(x_i, x_{m+1}, ..., x_n) \tag{9-13}$$

で表す。$\mu_i(x_i, x_{m+1}, ..., x_n)$ は単調で厳密に増加関数である。すなわち、富者の効用は自分の消費とすべての貧者の消費に依存し、それらが増加するとこの富者の効用も増加する。

貧者を $\{m+1, ..., n\}$ とし、その効用関数を

$$u_i(x) = x_i \tag{9-14}$$

で表す。すなわち、貧者の効用は自分の消費のみに依存し、それが増加するとこの貧者の効用も増加する。

このような形の効用関数 $u = (u_1, ..., u_n)$ をもつ分配社会システムを BBV (Bergstrom, Blume and Varian) 社会システムと呼ぶ。

富者の効用最大化問題は、自分以外の富者の贈与 t_{-i} を所与として

$$\max. \ \mu_i\left(\omega_i - \sum_{j>m} t_{ij}, \ \omega_{m+1} + \sum_{j \leq m} t_{jm+1}, ..., \omega_n + \sum_{j \leq m} t_{jn}\right) \tag{9-15}$$

となる。富者 $\{1, ..., m\}$ の分配均衡 (BBV均衡) は、この最大値問題の解である $(t_1, ..., t_m)$ となる。貧者はつねに自分から贈与をしないのが最適であるので、$(t_1, ..., t_m)$ が富者 $\{1, ..., m\}$ の分配均衡 (BBV均衡) である

ならば、かつそのときのみ（$t_1, ..., t_m, 0, ..., 0$）は構成員全員 $\{1, ..., n\}$ の分配均衡（BBV均衡）である。

　BBV均衡においてはパレート効率的な配分は達成されない。慈善活動は、自発的寄付に基づく行動では過少供給されることがいえる。

9-4　均衡の存在と一意性

均衡が存在しない場合 ── 贈り物争い

　分配均衡がどのような場合に存在するかを考察する。

　たとえば3人の社会で、消費者1は消費者2に富を移転することで効用が増加、消費者2は消費者3に富を移転することで効用が増加、消費者3は消費者1に富を移転することで効用が増加する場合、「贈り物争い」が起きて、分配均衡は存在しない。

　定理9-2. 効用関数 $u = (u_1, ..., u_n)$ が2回微分可能であり、仮定8-1を満たすとする。ある初期保有 $\omega \in S_n$ に対して（u, ω）が均衡をもたなければ、配分 $x \in S_n$ が存在し、他人へ富を移転することによって効用が増加するような消費者の組み合わせの集合

$$\left\{ (i, j) : -\frac{\partial u_i(x)}{\partial x_i} + \frac{\partial u_i(x)}{\partial x_j} > 0 \right\}$$

には直接回路、すなわち消費者の組み合わせの列で一巡するもの

$$(i_k, j_k)_{1 \leq k \leq m} such\ that\ m \geq 2,\ j_k = i_{k+1},\ \forall k = 1, ..., m-1,\ j_m = i_1$$

が含まれる。

例9－1．消費者1は消費者2へ富を移転することにより効用が増加、消費者2は消費者3へ富を移転することにより効用が増加、消費者3は消費者1へ富を移転することにより効用が増加する。この3人の直接回路においては、いつまでも移転を続けることによって効用は増加し、均衡は存在しない（図9－3）。

図9－3.

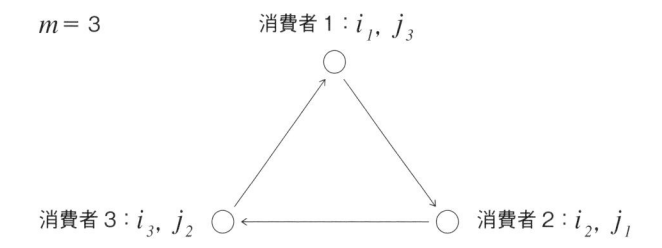

均衡の存在条件

　定理9－2の系．分配システム (u, ω) が仮定8－1を満たし、効用関数 $u = (u_1, ..., u_n)$ が2回微分可能であるとする。u がBBV社会システムにおける効用関数か、あるいは u が以下の弱self–centrednessの仮定を満たすとき、

$$x_j \geq x_i \text{ ならば } -\frac{\partial u_i(x)}{\partial x_i} + \frac{\partial u_i(x)}{\partial x_j} \leq 0$$

すなわち、消費者 j の消費が少なくとも消費者 i と同じである限り、i の効用は i から j への富の移転の非増加関数であるならば、分配システム (u, ω) には均衡が存在する。

第Ⅳ部　民間非営利組織と社会的企業

第10章
NPOと利潤制約

10-1 NPOとは

NPOの定義

　NPO（Non Profit Organization：非営利組織）とは一般に、制度的に組織された、民間の、利潤を関係者に分配しない、自己統治を行っている、自発的な組織であり、そこには非政府組織（non-governmental organization: NGO）も含まれる。わが国では、1998年に施行され2012年に改正された「特定非営利活動促進法（NPO法）」によって認められた民間組織はNPOである。そのなかで運営組織や事業活動が適正で公益の増進に資すると国税庁長官に認められた組織が認定NPO法人であり、税制面での優遇措置がとられている。これらのNPOは法制面で認知され制度化されたNPOといえる。しかしそれらだけでなく、2011年の東日本大震災で活躍したような、制度化されないNPOも数多く存在し、社会貢献活動を行っている。

　経済学的にNPOとは、活動によって得られた利潤を関係者に分配することが制度的に不可能であるような民間組織を指す。NPOには社会的な目的をもって活動する公共奉仕型NPOだけでなく、同窓会やカントリークラブなどのような、対象が限定される会員奉仕型NPOも含まれる。

NPOの機能

民間非営利組織の機能として、以下のものがあげられる。

（1）**負担機能**：財・サービスを供給するために必要な資金を負担する（出し手としての機能）。

（2）**提供機能**：財・サービスを実際に供給する（受け手としての機能）。

（3）**調整機能**：出し手と受け手の双方にとって、それぞれの条件に合う相手を見つけ、結びつける（オーガナイザーとしての機能）。

（4）**配分機能**：資金、財・サービスをどのように配分したらよいかについての意思決定を行う。

NPOの特質

利潤を関係者に分配できないという制約に加えて、民間非営利組織の特質として、以下のものがあげられる。

（1）**迅速性（意思決定過程が比較的簡略）**：公的部門における議会の審議といった過程を経ることなく、迅速な対処が求められる社会的必要性（needs）に対応することが可能である。とくに震災などの突発的災害に対する援助などで重要な意味をもつ。またより新しい問題、新しい社会的必要性に柔軟に対応できることも含まれる。

（2）**自由性（縦割りのセクショナリズムから独立）**：公的部門にしばしばみられるセクショナリズムからの独立である。たとえば、日本での都市・環境問題に関するプロジェクトでは、管轄が環境省、国土交通省、経済産業省、農林水産省にわたるようなものもあるであろうし、国レベル、都道府県レベル、市町村レベルという違いもみられるであろう。公的部門における組織上の硬直性は、効率的な資源配分を妨げる大きな要因である。民間組織であれば、このような利用者側からみて本質的でない区分に煩わされることのない活動が可能である。

NPOの問題点

　以上のような特質は、NPOの長所であるが、同時に問題点をも併せもっていることも事実である。

　迅速性は、NPOによる活動として、いわゆる「民主的」な意思決定の過程を経ずに、資金配分を決定できることによるが、それは他からのチェック機能が働かない可能性を示している。公的部門であれば、選挙で選ばれた議員や地方自治体の首長が予算編成について責任をもっており、営利活動であれば、利潤額や収益率あるいは株価という明確な評価基準が存在する。また、株式会社には株主総会があり経営の内容が株主によりチェックされる。NPOの活動については、意思決定過程や責任の所在が不透明であり、評価の基準が曖昧な事例も多い。社会的必要性に対する迅速な対応は、必ずしも有効で効率的な対応を意味しない。

　自由性についても同様であり、他からのチェック機能が働きにくいということは、公的部門よりはるかに効率的な活動の実現可能性を示すと同時に、場合によっては公的部門よりもさらに非効率的な活動が温存される危険性を示している。

10-2 非営利組織の経済モデル
—— 目的関数が量のみに依存する場合

NPO意思決定主体の行動

　一般に利潤最大化を目的とするとされる営利企業と異なり、NPOは独自の目的関数をもつと考えられる。ここではいくつかの単純なモデルで考える。

NPO意思決定主体の効用関数について

$$u(q) \, , \, \frac{du}{dq} > 0 \qquad\qquad (10\text{-}1)$$

と仮定する。すなわち効用はNPOが供給する財の数量 q に依存し、数量を1単位増加したときの効用の増加分である限界効用は正である。

他方でNPOは利潤を関係者に分配することが制度的に不可能な組織であるので、利潤はゼロであるという制約を課せられていると考える。

価格を p、費用関数を C とすると利潤0制約は以下の形で与えられる。

$$\pi = pq - C(q) = 0 \qquad\qquad (10\text{-}2)$$

利潤＝収入－費用＝0

価格を所与とした場合、利潤0制約を満たしながら供給量を最大化するNPOの行動は以下のように定式化される。

$$\max. u(q)$$
$$subject\,to\ \pi = pq - C(q) = 0 \qquad\qquad (10\text{-}3)$$

最適化の1階の条件は

$$p = \frac{C(q)}{q} = AC(q) \qquad\qquad (10\text{-}4)$$

すなわち価格＝平均費用となる。

利潤最大化行動をとる営利企業と比較すると、問題は

$$\max. \pi = pq - C(q) \qquad\qquad (10\text{-}5)$$

であり、1階の条件は

$$p = \frac{dC(q)}{dq} = MC(q) \tag{10-6}$$

すなわち価格＝限界費用となる（図10−1）。

図10−1.

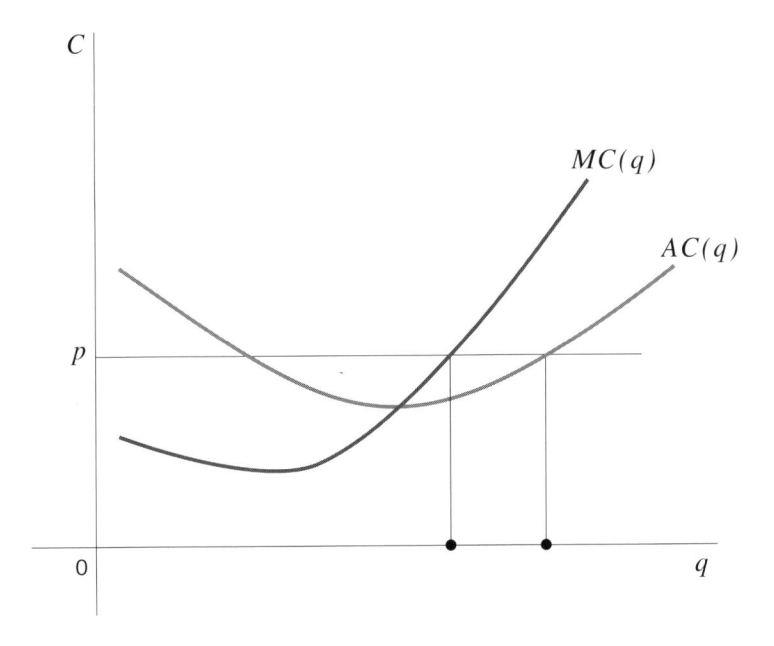

NPOと寄付の受入

NPOに対し、一定額の寄付 D がある場合を考える。利潤0制約は

$$\pi = pq + D - C(q) = 0 \tag{10-7}$$

であるので、1階の条件は

$$p + \frac{D}{q} = \frac{C(q)}{q} = AC(q) \tag{10-8}$$

となる（図10－2）。

図10－2.

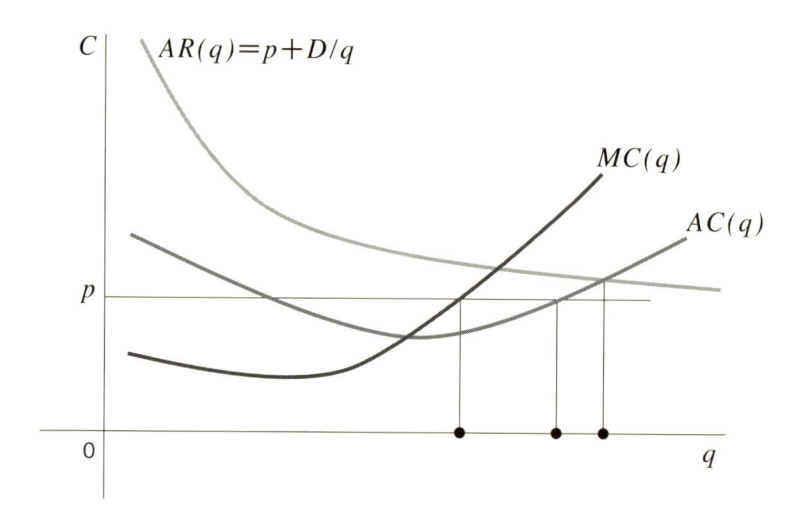

差別化された財を供給する場合

差別化された財を供給するため、価格が供給量に依存する場合を考察し、価格を逆需要関数の形で $p(q)$ と表す。NPOは利潤0制約があるため

$$p(q) = \frac{C(q)}{q} = AC(q) \tag{10-9}$$

という条件は変わらない。他方で営利企業と比較すると、問題は

$$\max. \pi = p(q)q - C(q) \tag{10-10}$$

であり、1階の条件は

$$p(q) + q\frac{dp}{dq} = \frac{dC(q)}{dq} = MC(q) \tag{10-11}$$

すなわち限界収入＝限界費用となる（図10－3）。

図10－3.

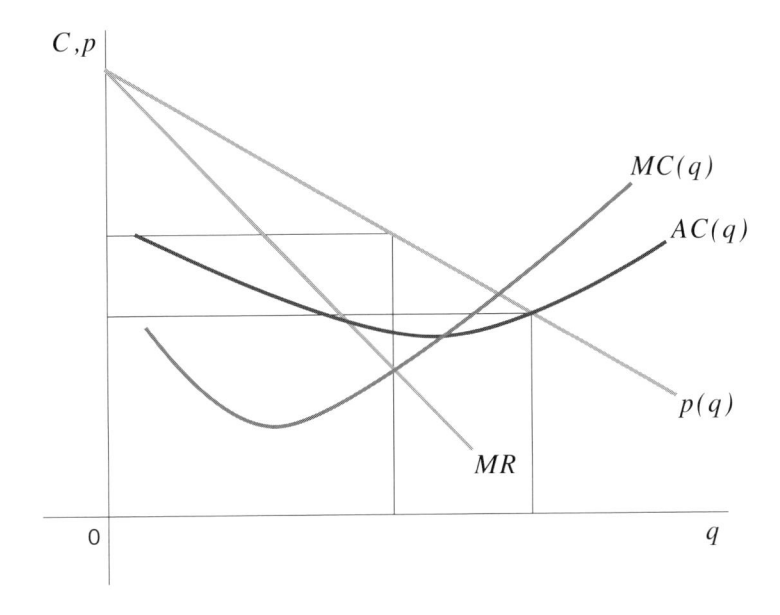

10-3 非営利組織の経済モデル
── 目的関数が量および質に依存する場合

質と量の選択

　財の質の違いを考慮し、NPO意思決定主体の効用関数が供給する財の量および質に依存する場合を考察する。財の量を q_N で表し、質を q_L で表すと、効用関数は

$$U(q_N, q_L) \qquad (10\text{-}12)$$

となり

$$\frac{\partial U}{\partial q_N} > 0, \ \frac{\partial U}{\partial q_L} > 0 \qquad (10\text{-}13)$$

であるとする。

　費用関数を

$$C(q_N, q_L) \qquad (10\text{-}14)$$

で表す。

　利潤制約は

$$pq_N - C(q_N, q_L) = 0 \qquad (10\text{-}15)$$

となり、効用最大化問題は

$$\begin{aligned} &\max. \ U(q_N, q_L) \\ &\textit{subject to } pq_N - C(q_N, q_L) = 0 \end{aligned} \qquad (10\text{-}16)$$

と定式化される。

価格一定の場合の1階の条件は

$$\frac{\partial U / \partial q_N}{\partial U / \partial q_L} = \frac{p - \partial C / \partial q_N}{-\partial C / \partial q_L} \tag{10-17}$$

である。

利潤がゼロとなるような量と質の組み合わせである、ゼロ利潤線

$$\{(q_N, q_L) : p q_N - C(q_N, q_L) = 0\} \tag{10-18}$$

を考える。

価格が一定のとき、利潤0制約の式（10-15）を全微分すると

$$(p - \frac{\partial C}{\partial q_N}) d q_N - \frac{\partial C}{\partial q_L} d q_L = 0 \tag{10-19}$$

であり、ゼロ利潤線の傾きは

$$\frac{d q_L}{d q_N} = \frac{p - \partial C / \partial q_N}{-\partial C / \partial q_L} \tag{10-20}$$

となる。したがって1階の条件（10-17）は、限界代替率がゼロ利潤線の傾きに一致することを意味している（図10−4）。

価格が量のみに依存する場合の1階の条件は

$$\frac{\partial U / \partial q_N}{\partial U / \partial q_L} = \frac{p + q_N \partial p / \partial q_N - \partial C / \partial q_N}{-\partial C / \partial q_L} \tag{10-21}$$

価格が量と質に依存する場合の1階の条件は

$$\frac{\partial U / \partial q_N}{\partial U / \partial q_L} = \frac{p + q_N \partial p / \partial q_N - \partial C / \partial q_N}{q_N \partial p / \partial q_L - \partial C / \partial q_L} \tag{10-22}$$

となる。

図10－4.

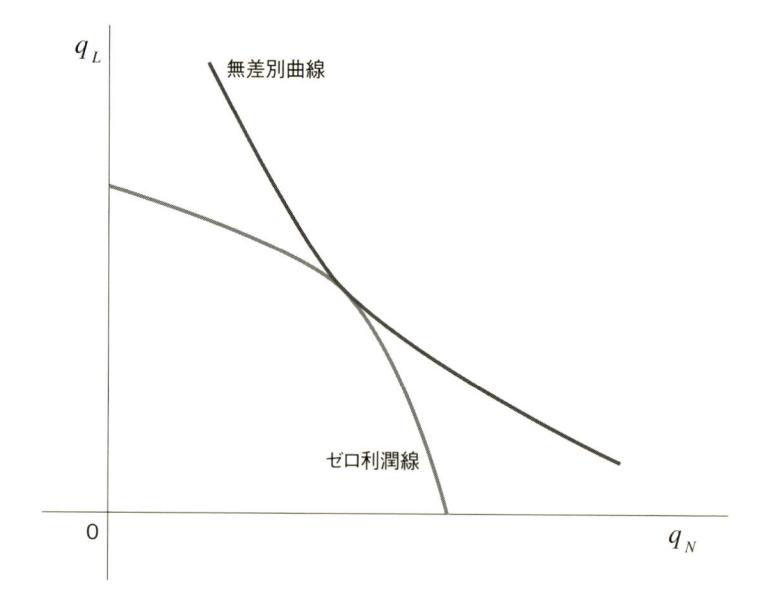

第11章
NPOの主体的行動

11-1 NPOの選好

NPOが供給する財の質

　文化・芸術活動などに関連する分野は、市場システムと政治システムを補完する、狭義社会システムの活動領域のなかでも、もっとも重要なものの1つと考えられ、多くのNPOがその供給主体となっている。それは、この分野が利潤最大化行動や多数決に基づく意思決定過程に必ずしもなじむものではないからである。そこには文化・芸術活動などの質をどのように評価するかという根本的な問題が内在している。

　本章では、文化芸術活動などを行うNPOの、援助を巡る行動について文化芸術活動の質を考慮に入れた上での理論的な定式化を試みる。文化芸術活動の質を2つの変数で表し、一般消費者、NPO、援助機関がそれを評価する。一般消費者の評価は文化芸術団体にとっての収入によって表され、それを所与として、NPOは質を決定すると考える。

　NPO、とくに演目を決めてそれを実際に行う音楽あるいは演劇など舞台芸術団体のような主体を考える。それらが取り上げる演目にはいろいろな尺度がある。いわゆる大衆的なものから専門的なもの、あるいは収益を得られやすいものとそうでないものなどである。また同じ演目でも、舞台装置、出演者、練習時間などの違いによって質は異なる。ここでは、実施する文化芸術団体に直接与える影響、公演による収入および費用の面を考慮

して、作品の質を2つの変数で表し、その指標を α_1 および α_2 とする。α_1 および α_2 に依存して、その団体にとっての費用および収入が決まる。α_1 は公演する芸術作品の演目などに対応し、脚本の内容といったものも含まれる。α_2 は装置や練習時間あるいは出演者の違いなどに対応するものとし、芸術作品の狭義の質と考える。α_1 は多くの人に広く共通に認識され、消費者が意思決定を行う際の基本的情報となる。これに対して α_2 は必ずしも事前には共有されない情報である。また、α_1 はそれ自体単独で意味をもつが、α_2 は α_1 と組み合わされることによって意味をもつ概念である。

NPOにとっての収入と選好

NPOにとっての収入は質 α_1 および α_2 の関数であり、費用は質 α_2 の関数であると考える。収入関数および費用関数をそれぞれ以下のように表す。

$$R(\alpha_1, \alpha_2) \tag{11-1}$$

$$C(\alpha_2) \tag{11-2}$$

利潤は収入から費用を引いた値と定義される。

$$\pi(\alpha_1, \alpha_2) \equiv R(\alpha_1, \alpha_2) - C(\alpha_2) \tag{11-3}$$

仮定11－1. $R(\alpha_1, \alpha_2)$ は微分可能であり

$$R_1(0, \alpha_2) \equiv \frac{\partial R(0, \alpha_2)}{\partial \alpha_1} > 0,$$

$$R_{11}(\alpha_1, \alpha_2) \equiv \frac{\partial^2 R(\alpha_1, \alpha_2)}{\partial \alpha_1^{\,2}} < 0$$

$$R_2(\alpha_1, \alpha_2) \equiv \frac{\partial R(\alpha_1, \alpha_2)}{\partial \alpha_2} > 0, \ R_{22}(\alpha_1, \alpha_2) \equiv \frac{\partial^2 R(\alpha_1, \alpha_2)}{\partial {\alpha_2}^2} < 0$$

$$R_{12} \equiv \frac{\partial^2 R(\alpha_1, \alpha_2)}{\partial \alpha_1 \partial \alpha_2} = 0$$

$$R_1(\alpha_1^R, \alpha_2) = 0, \forall \alpha_2 \text{ となるような質 } \alpha_1^R \text{ が存在する。}$$

仮定11－2. $\quad C(\alpha_2) = c\alpha_2 + \overline{C}, \ c > 0, \ \overline{C} > 0.$

仮定11－3. $\quad$ 以下のような質 $\alpha_1^{\overline{0}}$、α_1^0 および α_2^{π} が存在する。

（ⅰ）いかなる $\alpha_1 > \alpha_1^{\overline{0}}$ についても $R(\alpha_1, \alpha_2) - c\alpha_2 - \overline{C} < 0, \forall \alpha_2$,

（ⅱ）いかなる $\alpha_1 < \alpha_1^0$ についても $R(\alpha_1, \alpha_2) - c\alpha_2 - \overline{C} < 0, \forall \alpha_2$,

（ⅲ）$R_2(\alpha_1, \alpha_2^{\pi}) - c = 0, \forall \alpha_1$,

（ⅳ）$R(\alpha_1^R, \alpha_2^{\pi}) - c\alpha_2^{\pi} - \overline{C} > 0$.

　これらは採算を取ることができ、自立して上演が可能な演目の範囲を示すものである。

　NPOにとって、同一額の利潤をもたらす質の組み合わせ (α_1, α_2) の集合、

$$\{(\alpha_1, \alpha_2) : \pi((\alpha_1, \alpha_2) = \overline{\pi}\} \tag{11-4}$$

すなわち等利潤線を求めることができる。その傾きは

$$\frac{\partial \pi}{\partial \alpha_1} d\alpha_1 + \frac{\partial \pi}{\partial \alpha_2} d\alpha_2 = R_1 d\alpha_1 + (R_2 - c)d\alpha_2 = 0 \qquad (11\text{-}5)$$

から

$$\frac{d\alpha_2}{d\alpha_1} = -\frac{R_1}{R_2 - c} \qquad (11\text{-}6)$$

と表される。

　仮定11－1～11－3から、等利潤線の形状は図11－1のようになる。

図11－1.

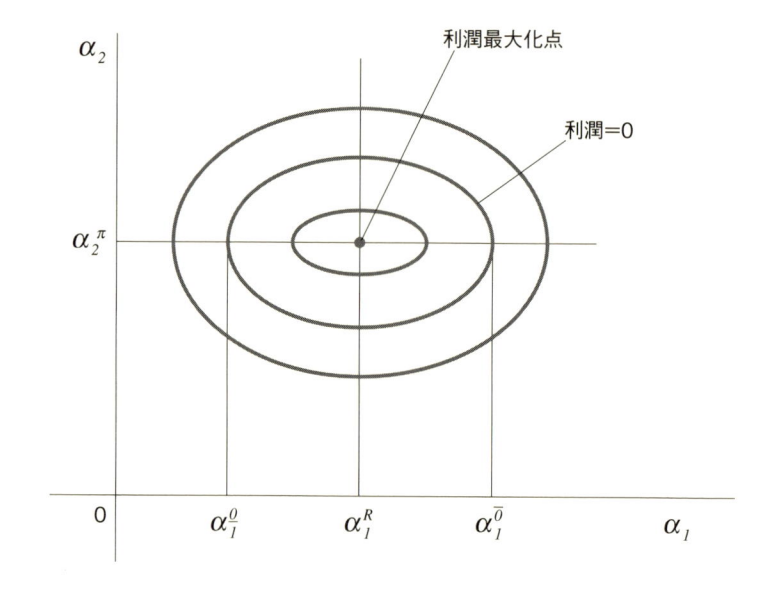

NPOは、自らが供給する財の質についての選好関係をもつとし、その評価を関数

$$F(\alpha_1, \alpha_2) \tag{11-7}$$

によって表す。

　仮定11－4．$F(\alpha_1, \alpha_2)$は2回微分可能であり、

$$F_1(0, \alpha_2) \equiv \frac{\partial F(0, \alpha_2)}{\partial \alpha_1} > 0, \ F_{11} \equiv \frac{\partial^2 F(\alpha_1, \alpha_2)}{\partial \alpha_1^{\ 2}} < 0,$$

$$F_2 \equiv \frac{\partial F(\alpha_1, \alpha_2)}{\partial \alpha_2} > 0, \ F_{22} \equiv \frac{\partial^2 F(\alpha_1, \alpha_2)}{\partial \alpha_2^{\ 2}} < 0, \ \lim_{\alpha_2 \to 0} F_2 = \infty,$$

$$\lim_{\alpha_2 \to \infty} F_2 = 0, \ F_{12} \equiv \frac{\partial^2 F(\alpha_1, \alpha_2)}{\partial \alpha_1 \partial \alpha_2} = 0,$$

$$F_1(\alpha_1^F, \alpha_2) = 0, \forall \alpha_2, \ \text{かつ} \ \alpha_1^F > \alpha_1^R \ \text{となる} \ \alpha_1^F \ \text{が存在する。}$$

　この仮定の最後の部分である $\alpha_1^F > \alpha_1^R$ は、質 α_1 の定義に依存する便宜的なものであるが、いわゆる大衆的なものと専門的なものとの相違を表していると捉える。

　NPOにとって、同一の選好水準をもたらす質の組み合わせ (α_1, α_2) の集合、

$$\{(\alpha_1, \alpha_2) : F(\alpha_1, \alpha_2) = \overline{F}\} \tag{11-8}$$

すなわち無差別曲線を求めることができる。その傾きは

$$F_1 d\alpha_1 + F_2 d\alpha_2 = 0 \tag{11-9}$$

から

$$\frac{d\alpha_2}{d\alpha_1} = -\frac{F_1}{F_2} \tag{11-10}$$

と表すことができる。

　仮定11−4から、NPO固有の選好に関する無差別曲線の形状は図11−2のようになる。

図11−2.

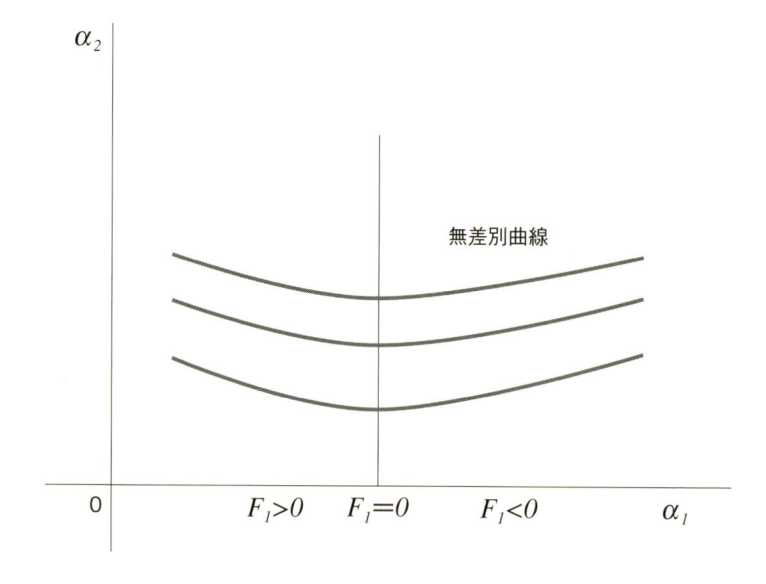

11-2 固有の選好をもつNPOの行動

一般的な最適化問題

営利企業を含む、文化芸術活動を行っている主体は一般に、援助機関や社会貢献活動を行っている企業、あるいは個人など外部からの補助金あるいは寄付金 z を含む一定額の利潤を確保した上で、自らの固有の選好に基づく評価と利潤額からなる目的関数を最大化するものと考える。そうした組織の目的関数を以下のように表す。

$$\varphi(\alpha_1, \alpha_2) = aF(\alpha_1, \alpha_2) + (1-a)\{R(\alpha_1, \alpha_2) - C(\alpha_2) + z\}$$

$$(11\text{-}11)$$

ここで a は、主体固有の選好と利潤額をどのような割合で評価するかを表すパラメーターとする。$a = 0$ の場合は利潤最大化が目的となり、$a = 1$ の場合には利潤は直接の目的とはならず、固有の選好を最大化することが目的となる。

目的関数が（11-11）のような場合、その値が一定となる質 (α_1, α_2) の組み合わせである無差別曲線の傾きは（11-11）を全微分することにより

$$\frac{d\alpha_1}{d\alpha_2} = -\frac{aF_1 + (1-a)R_1}{aF_2 + (1-a)\{R_2 - c\}}$$

$$(11\text{-}12)$$

によって表される。

仮定 11 - 5.　$aF_1 + (1-a)R_1 = 0$, $\forall\alpha_2$ となる α_1 が存在し α_1^{aRF} と表し、$aF_2 + (1-a)\{R_2 - c\} = 0$, $\forall\alpha_1$ となる α_2 が存在し $\alpha_2^{a\pi F}$ と表す。

定義11－1． $(\alpha_1^{a\pi F}, \alpha_2^{a\pi F})$は対象となる主体の目的関数（11-11）が最大化される組み合わせであり、至福点（bliss point）と呼ぶ。

仮定11－1～11－5の下で、目的関数（11-11）の値が同一となる質の組み合わせ(α_1, α_2)の集合である無差別曲線の形状は（11-12）より、至福点を中心とした、図11－3のようになる。

図11－3．

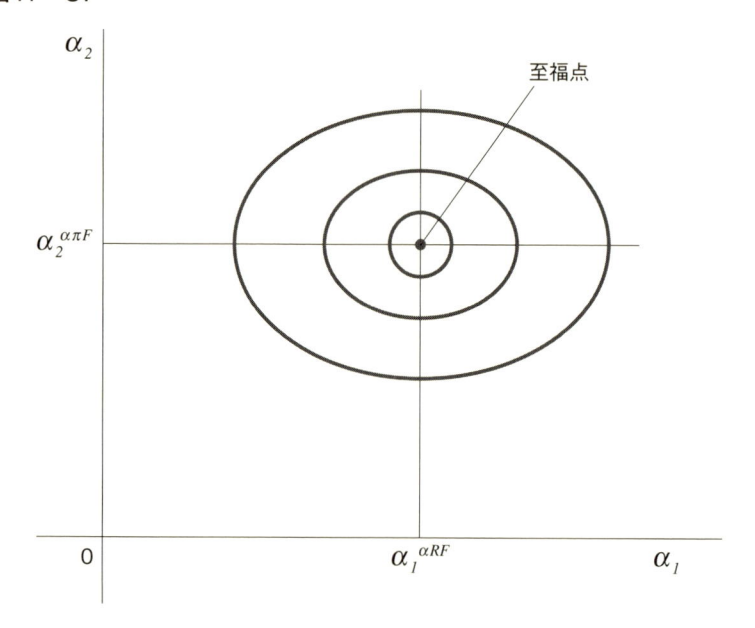

営利企業による利潤最大化行動の場合（$a = 0$）

この場合は自らの固有の選考は考慮せず、図11－1で示されているように、利潤最大化のために、α_1^R および $R_2(\alpha_1, \alpha_2^\pi) = c$ となる α_2^π の組み合わせである、利潤最大化点$(\alpha_1^R, \alpha_2^\pi)$を選択する。すなわち、もっとも収

入をもたらす演目 α_1^R を選び、狭義の質 α_2 は、その限界収入が限界費用に等しくなるような α_2^π に決定される。この点は（11-11）において $a = 0$ の場合の至福点である。

利潤と固有の選好の双方を考慮する場合（$0 < a < 1$）

利潤に補助額 z を加えた値が非負であるという制約の下で、目的関数（11-11）を最大化するような質の組み合わせ α_1、α_2 を選択するものと考える。

$$\text{max. } aF(\alpha_1, \alpha_2) + (1-a)\{R(\alpha_1, \alpha_2) - c\alpha_2 + z\}$$
$$\text{subject to } R(\alpha_1, \alpha_2) - C(\alpha_2) + z \geq 0 \tag{11-13}$$

意思決定主体にとって、制約条件がないときの最適な α_1、α_2 の組み合わせは、1階の条件

$$aF_1 + (1-a)R_1 = 0 \tag{11-14}$$

$$aF_2 + (1-a)\{R_2 - c\} = 0 \tag{11-15}$$

で決定される。すなわち至福点（α_1^{aRF}, $\alpha_2^{a\pi F}$）である。したがって、至福点（α_1^{aRF}, $\alpha_2^{a\pi F}$）を実現したときの利潤額が非負ならば、すなわち

$$R(\alpha_1^{aRF} \alpha_2^{a\pi F}) - c\alpha_2^{a\pi F} - \overline{C} \geq 0 \tag{11-16}$$

であるならば、意思決定主体は至福点（α_1^{aRF}, $\alpha_2^{a\pi F}$）を選択する。

至福点（α_1^{aRF}, $\alpha_2^{a\pi F}$）を実現したときの利潤額が負ならば、すなわち

$$R(\alpha_1^{aRF} \alpha_2^{a\pi F}) - c\alpha_2^{a\pi F} - \overline{C} < 0 \tag{11-17}$$

であるならば、意思決定主体は補助金などの資金がなければ至福点を実現できない。

ここで補助額 z_0 をつぎの式で定義する。

$$z_0 = -\{R(\alpha_1^{aRF}, \alpha_2^{a\pi F}) - c\alpha_2^{a\pi F} - \overline{C}\} \tag{11-18}$$

これは至福点を実現したときに生じる損失をちょうど補填する額である。実際の補助額が z_0 以上であれば至福点を選択する。補助額が z_0 未満の場合、

$$R(\alpha_1^{aRF} \alpha_2^{a\pi F}) - c\alpha_2^{a\pi F} - \overline{C} + z < 0 \tag{11-19}$$

となり、至福点は実現できないので制約条件が等号で成立し、条件付最大化問題（11-13）の1階の条件は

$$\frac{aF_1 + (1-a)R_1}{aF_2 + (1-a)\{R_2 - c\}} = \frac{R_1}{R_2 - c} \tag{11-20}$$

$$R(\alpha_1, \alpha_2) - C(\alpha_2) + z = 0 \tag{11-21}$$

となる。至福点より低い質 $\alpha_1 < \alpha_1^{aRF}$、$\alpha_2 < \alpha_2^{aRF}$ については、図11-3からも明らかなように

$$\frac{\partial \varphi}{\partial \alpha_1} > 0 \tag{11-22}$$

$$\frac{\partial \varphi}{\partial \alpha_2} > 0 \tag{11-23}$$

となる。すなわち質を上げることがより高い評価をもたらすので、この条件（11-20）、（11-21）を満たす質の組み合わせ (α_1, α_2) のなかで意思決定主体によって意味があるのは $\alpha_1 > \alpha_1^R$、$\alpha_2 > \alpha_2^\pi$ すなわち図11-4で示されるように、利潤最大化点より右上に位置するものである。したがって最適な質の組み合わせは、等利潤線と無差別曲線との接点で表される。

　それらの質の組み合わせのなかで、以下のように利潤が0となるような

ものを $(\alpha_1^0,\ \alpha_2^0)$ と表す。

$$\alpha_1^0 > \alpha_1^R\ 、\ \alpha_2^0 > \alpha_2^\pi \tag{11-24}$$

$$R(\alpha_1^0,\ \alpha_2^0) - C(\alpha_2^0) = 0 \tag{11-25}$$

以上の議論からつぎの命題が導かれる。

命題11－1．仮定11－1～11－5の下で、利潤非負制約にしたがい、利潤と固有の選好の双方を考慮した目的関数を最大化する意思決定主体にとって、補助額が0のときには $(\alpha_1^0,\ \alpha_2^0)$ を選択し、補助額が増加するにつれて最適点は至福点 $(\alpha_1^{aRF},\ \alpha_2^{a\pi F})$ に近づき、援助額が z_0 以上の場合には至福点に留まる。

図11－4．

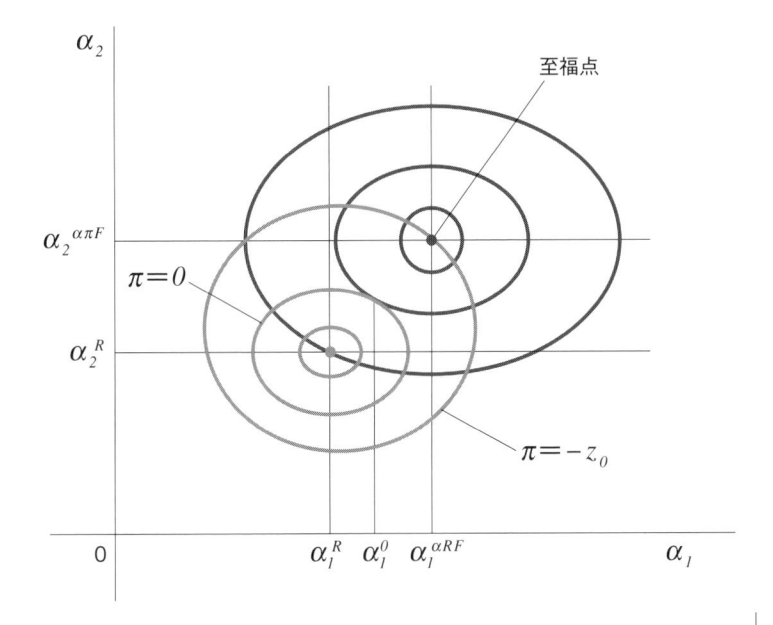

これは、外部からの資金援助などが増加したときに、意思決定主体が目的関数（11-11）の下で本来実現したかった演目に近づいていき、狭義の質も高まることを意味している。すなわち、補助額が0であるならば意思決定主体はα_1^0を選択し、補助額が増加するにしたがって至福点に対応するα_1^{aRF}に近づき、補助額がz_0以上であれば意思決定主体はつねに至福点に対応するα_1^{aRF}を選択する。

利潤非負制約の下で、外部からの補助額を所与として固有の選好を最大化する場合（a = 1）

　この場合は、利潤を関係者に分配することが制度的不可能である、NPOのとる行動と考えられる。図11-2からも分かるように、至福点は存在しない。問題は

$$\max. F(\alpha_1, \alpha_2)$$
$$subject\ to\ \pi(\alpha_1, \alpha_2) + z \geq 0 \tag{11-26}$$

となる。

　問題（11-26）の1階の条件は（11-20）式の特殊形として

$$\frac{F_1}{F_2} = \frac{R_1}{R_2 - c} \tag{11-27}$$

であり、図11-5で示されるように、解は等利潤線と無差別曲線の接点で表される。ただし至福点が存在しないため、つぎの命題が導かれる。

　命題11-2．利潤非負制約および仮定11-1～11-4の下で、NPOが独自の選好を最大化する場合、補助額zが増加すると質α_1はα_1^Fに近づくが、α_1^Fが選択されることはない。質α_2はつねに増加する。

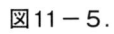
図11－5.

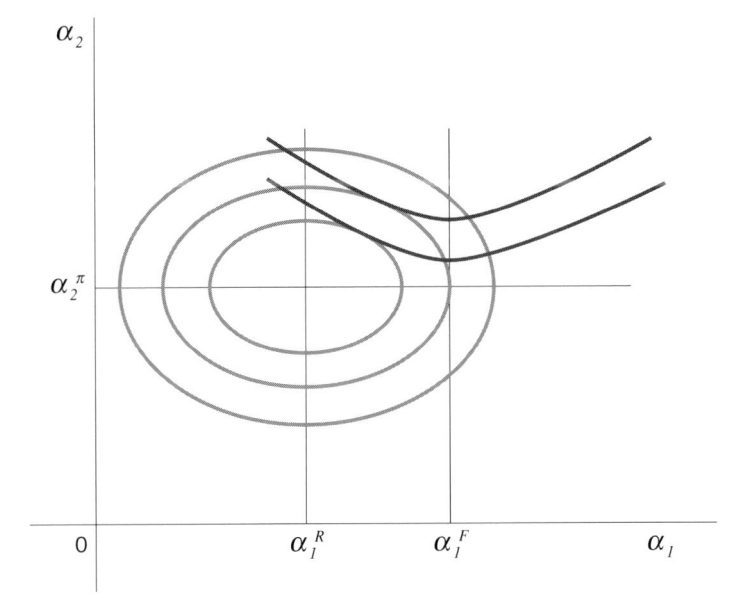

第12章 社会的企業の基本要件と行動

12-1 社会的企業の定式化

社会的企業の要件

　社会的企業の定義は、それを用いる組織体などによって異なっているが、一般に社会問題の解決を目的として収益事業に取り組む事業体のことを指す。通常は、ボランティアや慈善事業とは異なり、市場において無償ではなく有償で財・サービスを提供する。

　社会的企業の基本要件は、（ⅰ）社会性、（ⅱ）事業性（継続性）、（ⅲ）革新性（新しい社会的価値）といわれている。

　社会性は、目的が利潤最大化以外の、この企業の直接的な便益とは異なる、社会的な意義をもつものであることを意味する。事業性（継続性）は、この企業が外部からの補助金などに依存せずに、自立して活動が続けられることを意味している。革新性は、これまでにない新しい社会的価値の創造に寄与することを意味する。

　社会的企業が実施する事業は、営利企業のビジネスとして成立しないものもあるが、趣旨に賛同・共感したステーク・ホルダーが協力することによりビジネスとして成立することも多い。

　一般の営利企業においても、企業理念に社会的課題の解決を謳っていることが多く、社会性の観点から、営利企業と社会的企業の間に明確な線引きをすることは難しい。

Defourny and Nyssens［2010］、［2012］は社会的企業における意思決定のしくみ、利害関係者の関与、ガバナンス構造などについて、社会学的な方法論を用いた国際比較実証研究を行っている。そこでは社会的企業の目的として、たとえば社会的に排除されているような集団の雇用の確保といった、制度的な環境に顕著な影響を与えるようなものも挙げられている。このように、社会的企業の概念は多様な特質をもち、さまざまな観点ならびに手法により調査や分析がなされている。

本章では、こうした特質をもつ社会的企業の行動の1つの側面を取り上げて、理論モデルとして定式化することを試み、営利企業と比較し、その含意を考察する。ここで社会的企業は、差別化された財を生産し、有償で消費者に供給する主体と考える。供給する財の質を考慮して、事業性の基礎となる利潤0制約のもとで、市場全体の消費者余剰を最大化するように価格と供給量を設定するものとする。その設定の際に、市場が均衡するという条件を課す場合と、それを課さない場合の双方を考察する。それぞれにおいて最適な質および量が導出される。また、質を考慮した新しい社会的価値の創造は必ずしも「高品質」の財の供給を意味しないことが示される。市場が均衡するという条件を課さない場合には一般に消費者余剰は大きくなるが、低価格が設定されるため、超過需要が生じる。その場合には、質を高めるほど消費者余剰は大きくなるが、需要の充足率は低下することが示される。

基本的仮定

ある、差別化された財を供給する企業を考える。財の数量を y、質を単一の変数 α で表す。$\alpha = 1$ の場合を標準的な質、$\alpha > 1$ を高品質、$\alpha < 1$ を低品質な財と呼ぶ。

この財に対して消費者が支払ってもよいと思う最大額を示す限界評価

を、数量yと質 α の関数

$$w(y, \alpha) \tag{12-1}$$

によって表す。この財に対する需要量を、価格 p および質 α の関数

$$w^{-1}(p, \alpha) \tag{12-2}$$

によって表す。同じ水準の質 α に対しては、w と w^{-1} は逆需要関数と需要関数の関係であるので

$$w^{-1}\{w(y, \alpha), \alpha\} = y \tag{12-3}$$

である。

　この財を生産する費用は数量 y と質 α に依存し、費用関数を

$$C(y, \alpha) \tag{12-4}$$

によって表す。

　この企業が設定する価格 p と供給量 y および質 α が

$$p = w(y, \alpha) \tag{12-5}$$

あるいは

$$y = w^{-1}(p, \alpha) \tag{12-6}$$

であるならば、需要量と供給量が一致し財は過不足なく取引されることになる。
(12-5)式は市場均衡条件である。設定される価格 p と数量 y および質 α が

$$p < w(y, \alpha) \tag{12-7}$$

あるいは

$$y < w^{-1}(p, \alpha) \qquad (12\text{-}8)$$

であれば超過需要が生じ、何らかの形で財が割り当てられなければならない。

一般的に企業の目的関数を、数量 y と質 α の関数

$$\varphi(y, \alpha) \qquad (12\text{-}9)$$

によって表す。通常の営利企業のように利潤最大化が目的と考えられる場合には、価格 p を限界評価 $w(y, \alpha)$ に等しく設定して

$$\varphi(y, \alpha) = w(y, \alpha)y - C(y, \alpha) \qquad (12\text{-}10)$$

となる。

これに対して社会的企業の基本要件の1つである社会性は、個別企業の直接的な便益とは異なる、社会的な意義をもつものであることを意味するので、ここでは社会の余剰を考える。

他の基本要件である事業性は利潤が非負であることを意味するが、ここではとくに利潤が0、すなわち以下の条件を満たすものと考える。

$$py = C(y, \alpha) \qquad (12\text{-}11)$$

固定費用がなければ、利潤が0であることは生産者余剰が0であることを意味する。生産者余剰が0である場合には、消費者余剰が社会的余剰となる。消費者余剰は、消費者による限界評価関数の積分値から消費者の支払額を引いた値であるが、利潤0制約である（12-11）式から、企業に対する支払額は総費用に等しい。したがって社会的企業の目的関数は以下のように表される。

$$\varphi(y, \alpha) = \int_0^y w(y, \alpha)dy - C(y, \alpha) \qquad (12\text{-}12)$$

　また革新性は新しい社会的価値の創造を意味するので、質を考慮した財を供給するものと考える。これに対し、ここでは営利企業は標準的な質の財を供給するものと考える。

　定義12－1．営利企業とは、標準的な質の財を供給することにより利潤を最大化する企業であり、社会的企業とは、利潤０制約のもとで、質を考慮した財を供給することにより社会性をもつ目的関数、すなわち社会的余剰を最大化する企業である。

　単純化のため、限界評価関数、需要関数および費用関数を以下の仮定により特定化し、営利企業と社会的企業の比較分析を行う。

　仮定12－1．　$\dfrac{\partial w}{\partial y} \equiv -\beta < 0,\ \dfrac{\partial w}{\partial \alpha} \equiv b > 0$ 、$w(0, \alpha) = b\alpha$

　この仮定は、限界評価関数が

$$w(y, \alpha) = b\alpha - \beta y \qquad (12\text{-}13)$$

あるいは需要関数が

$$w^{-1}(p, \alpha) = \frac{b\alpha - p}{\beta} \qquad (12\text{-}14)$$

という形で特定化されることを意味している。

仮定12 － 2 ．

$$\frac{\partial C}{\partial y} > 0, \frac{\partial^2 C}{\partial y^2} > 0, \frac{\partial^3 C}{\partial y^3} = 0, \frac{\partial C}{\partial \alpha} > 0, \frac{\partial^2 C}{\partial \alpha^2} > 0, \frac{\partial^3 C}{\partial \alpha^3} = 0, \frac{\partial^2 C}{\partial y \partial \alpha} > 0, C(0, \alpha) = 0$$

この仮定は、$C(1, 1) \equiv m$ とおくと、費用関数 $C(y, \alpha)$ が

$$C(y, \alpha) = m\alpha^2 y^2 \tag{12-15}$$

という形で特定化されることを意味している。

営利企業の場合

　上記の想定の下で、標準的な質の財を供給し利潤最大化行動をとる通常の営利企業の行動は以下のように示される。

$$\max. w(y, 1)y - C(y, 1) \tag{12-16}$$

と定式化される。

　仮定12 － 1 および12 － 2 のもとで標準的な質の場合、問題（12-16）は

$$\max. (b - \beta y)y - my^2 \tag{12-17}$$

となり、1 階の条件は

$$b - 2\beta y - 2my = 0 \tag{12-18}$$

すなわち、限界収入と限界費用が等しいという通常の条件であり、したがって営利企業の最適供給量は

$$y_p = \frac{b}{2(\beta + m)} \tag{12-19}$$

となる。価格は、その供給量における限界評価（12-1）に等しい水準

$$p_p = \frac{b(\beta + 2m)}{2(\beta + m)} \tag{12-20}$$

であり、市場均衡条件（12-5）を満たすように決定される。消費者余剰は

$$\varphi_p = \frac{b^2 \beta}{8(\beta + m)^2} \tag{12-21}$$

となる。

12-2 社会的企業の行動
—— 市場均衡条件が課されている場合

消費者余剰最大化問題

　市場均衡条件（12-5）および利潤 0 制約（12-11）の下で、目的関数（12-12）の最大化行動をとる社会的企業の問題は

$$\max. \int_0^y w(y, \alpha)dy - C(y, \alpha) \\ subject\ to\ \ w(y, \alpha)y - C(y, \alpha) = 0 \tag{12-22}$$

となる。

　仮定 12-1 および 12-2 のもとで、市場均衡条件（12-5）および利潤 0 制約（12-11）は

$$py = w(y, \alpha)y = (b\alpha - \beta y)y = m\alpha^2 y^2 = C(y, \alpha) \qquad (12\text{-}23)$$

すなわち価格、限界評価および平均費用が一致するという条件となるので、それを満たす供給量 y_{s1} は質 α の関数として

$$y_{s1}(\alpha) = \frac{b\alpha}{\beta + m\alpha^2} \qquad (12\text{-}24)$$

となる。価格は、そのときの平均費用に等しい水準の

$$p_{s1}(\alpha) = AC\{y_{s1}(\alpha), \alpha\} = \frac{mb\alpha^3}{\beta + m\alpha^2} \qquad (12\text{-}25)$$

となる。

　また、消費者余剰は

$$\frac{\beta y_{s1}(\alpha)^2}{2} = \frac{\beta b^2 \alpha^2}{2(\beta + m\alpha^2)^2} \qquad (12\text{-}26)$$

となる。

標準的な質の場合の営利企業との比較

　この企業が利潤０制約（12-11）のもとで標準的な質の財を供給するならば、その数量は（12-24）から

$$y_{s1}(1) = \frac{b}{\beta + m} \qquad (12\text{-}27)$$

　価格は、そのときの平均費用に等しい水準の

$$p_{sl}(1) = AC\{y_{sl}(1), 1\} = \frac{mb}{\beta + m} \tag{12-28}$$

消費者余剰は

$$\varphi\{y_{sl}(1), 1\} = \frac{\beta b^2}{2(\beta + m)^2} \tag{12-29}$$

となる。

標準的な財を供給する場合の社会的企業と営利企業を比較する。数量については、営利企業の供給量は（12-19）であり、社会的企業の供給量は（12-27）であるので

$$y_p = \frac{b}{2(\beta + m)} < \frac{b}{\beta + m} = y_{sl}(1) \tag{12-30}$$

となり、社会的企業の方が供給量は多い。消費者余剰については、営利企業の場合は（12-21）であり、社会的企業の場合は（12-29）であるので

$$\varphi_p = \frac{\beta b^2}{8(\beta + m)^2} < \frac{\beta b^2}{2(\beta + m)^2} = \varphi\{y_{sl}(1), 1\} \tag{12-31}$$

となり、社会的企業の場合の消費者余剰は営利企業の4倍となっている。

質の選択

革新性に基づき、社会的企業が供給する財の質を考慮する場合を考える。仮定12-1、12-2および利潤0制約（12-11）のもとで目的関数（12-12）は

$$\varphi(y, \alpha) = \int_0^y w(y, \alpha)dy - C(y, \alpha) = \frac{\beta y^2}{2} \tag{12-32}$$

となるので、利潤 0 制約を満たす数量である（12-24）より、目的関数（12-32）を最大化する最適な質の水準は、1 階の条件

$$\frac{\partial \beta y^2 / 2}{\partial \alpha} = \frac{b^2 \alpha \beta (m\alpha^2 + \beta)^2 - 2(m\alpha^2 + \beta)\alpha^3 m b^2 \beta}{(m\alpha^2 + \beta)^4} = 0 \tag{12-33}$$

から

$$\alpha^* = \left(\frac{\beta}{m}\right)^{1/2} \tag{12-34}$$

となる。すなわち

$$\beta > m \Rightarrow \alpha^* > 1$$
$$\beta = m \Rightarrow \alpha^* = 1 \tag{12-35}$$
$$\beta < m \Rightarrow \alpha^* < 1$$

　質が標準である場合の、1 単位当たりの平均費用 $m = C(1、1)$ が、量を 1 単位増加させたときの限界評価の減少率 $\beta = -\dfrac{\partial w}{\partial y}$ よりも小さJavaScriptければ、社会的企業の供給する財の質は標準値よりも高くなり、逆の場合には低くなる。

質と消費者余剰

最適な水準（12-34）の質をもつ財について最適な供給量は、（12-24）に代入することによって

$$y_{s1}(\alpha^*) = \frac{b}{2m^{1/2}\beta^{1/2}} \tag{12-36}$$

であり、価格は（12-25）に代入することによって

$$p_{s1}(\alpha^*) = \frac{b\beta}{2m^{1/2}\beta^{1/2}} \tag{12-37}$$

である。そのときの社会的余剰の水準は

$$\varphi\{y_{s1}(\alpha^*),\, \alpha^*\} = \frac{b^2}{8m} \tag{12-38}$$

となる。

これらを（12-19）で示される営利企業の場合の供給量 $b/2\,(m+\beta)$ と比べる。一般に $m \neq \beta$ ならば

$$(m+\beta)^2 - (2m^{1/2}\beta^{1/2})^2 = (m-\beta)^2 > 0 \tag{12-39}$$

したがって

$$m + \beta > 2m^{1/2}\beta^{1/2} \tag{12-40}$$

であるので、営利企業の供給量と、標準的な質の財および最適な質の財の場合の社会的企業の供給量について、以下の関係が成立する。

$$y_p = \frac{b}{2(m+\beta)} < y_s(1) = \frac{b}{m+\beta} < \frac{b}{2m^{1/2}\beta^{1/2}} = y_{s1}(\alpha^*) \qquad (12\text{-}41)$$

また、一般に

$$\frac{b^2}{8m} - \frac{\beta b^2}{2(\beta+m)^2} = \frac{b^2(\beta-m)^2}{8m(\beta+m)^2} > 0 \qquad (12\text{-}42)$$

したがって

$$\frac{\beta b^2}{2(\beta+m)^2} < \frac{b^2}{8m} \qquad (12\text{-}43)$$

であるので、営利企業による社会的余剰と、標準的な質の財および最適な質の財の場合の社会的企業による社会的余剰について、以下の関係が成立する。

$$\varphi_p = \frac{\beta b^2}{8(\beta+m)^2} < \frac{\beta b^2}{2(\beta+m)^2} = \varphi\{y_{s1}(1), 1\} < \frac{b^2}{8m} = \varphi\{y_{s1}(\alpha^*), \alpha^*\}$$

$$(12\text{-}44)$$

これらより以下の命題が導かれる。

命題12-1. 仮定12-1、12-2および市場均衡条件の下で、社会的企業が新しい社会的価値の創造を意図して質を考慮するとき、営利企業が供給する場合よりも数量は大きく、消費者余剰も大きい。財に対する限界評価の変化率 β が、標準的な質のときの数量単位当たりの平均費用 m よりも大きければ、すなわち限界評価関数の傾きの絶対値が平均費用関数の傾きよりも大きければ、社会的企業の供給する財は高品質であり、逆の場合は低品質である。

この命題は、$m > \beta$ の場合、社会的企業が質を考慮するとかえって低品質の財が供給されることを示している。しかし、消費者余剰はその場合にも標準的な質の財を供給する営利企業によるものよりも大きい。このことは、消費者にとってのある種の無駄を省いて費用を下げることの方が、消費者の便益を増加させ得ることを示唆している。たとえば、過剰な包装や利用度の低い機能を省いたコンピュータや通信機器を低価格で供給する方が、多くの消費者にとっては有益な場合である。こうしたことにより、ある1つの価値観を形成する場合があり得ることを示唆している。すなわち、「低品質」の財であっても、さまざまな無駄を省いた「簡素な生活」に繋がることがあり、それも新しい社会的価値であるといえよう。

図12－1.

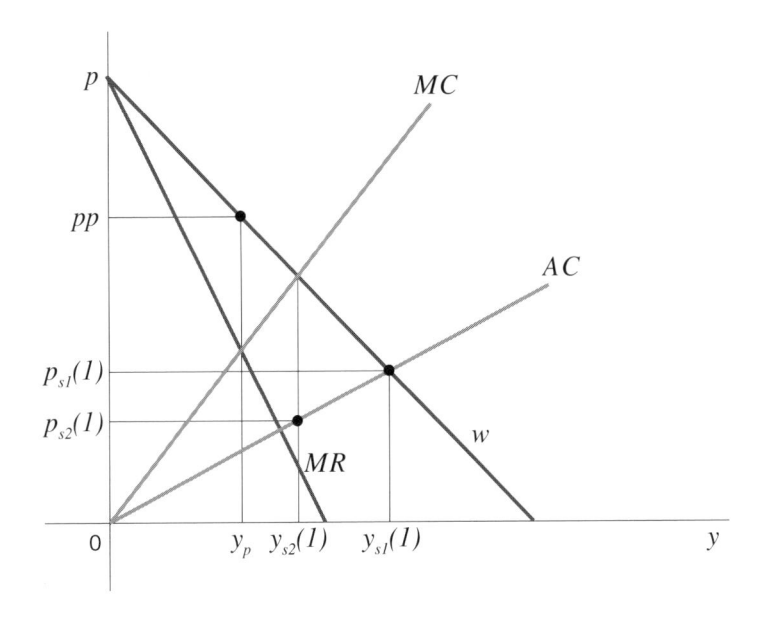

12-3 社会的企業の行動
—— 市場均衡条件が課されていない場合

消費者余剰最大化問題

　社会的企業が、市場均衡条件（12-5）、すなわち価格と限界評価が一致するという条件を課さずに、仮定 12 – 1、12 – 2 および利潤 0 制約（12-11）のもとで消費者余剰最大化行動をとる場合の問題は

$$\max. \int_0^y wdy - C(y, \alpha) =$$

$$\max. \frac{1}{2}\{b\alpha + (b\alpha - \beta y)\}y - m\alpha^2 y^2 \tag{12-45}$$

となる。数量 y に関する 1 階の条件は

$$b\alpha - \beta y - 2m\alpha^2 y = 0 \tag{12-46}$$

　すなわち、限界評価 $b\alpha - \beta y$ と限界費用 $2m\alpha^2 y$ が一致するという条件であり、したがって最適な数量 y は質 α の関数として

$$y_{s2}(\alpha) = \frac{b\alpha}{\beta + 2m\alpha^2} \tag{12-47}$$

となる。利潤 0 制約 (12-11) から、価格はそのときの平均費用に等しく設定されるので

$$p_{s2}(\alpha) = \frac{mb\alpha^3}{\beta + 2m\alpha^2} \tag{12-48}$$

となる。

消費者余剰は

$$\varphi\{y_{s2}(\alpha), \alpha\} = \frac{b^2\alpha^2}{2(\beta + 2m\alpha^2)} \tag{12-49}$$

となる。

標準的な質の財を供給する場合、供給量 $y_{s2}(1)$ は（12-47）より

$$y_{s2}(1) = \frac{b}{\beta + 2m} < \frac{b}{\beta + m} = y_{s1}(1) \tag{12-50}$$

価格 $p_{s2}(1)$ は（12-48）より

$$p_{s2}(1) = \frac{mb}{\beta + 2m} < \frac{mb}{\beta + m} = AC(y, 1) \tag{12-51}$$

消費者余剰は

$$\frac{b^2}{2(\beta + 2m)} - \frac{\beta b^2}{2(\beta + m)^2} = \frac{b^2 m^2}{2(\beta + 2m)(\beta + m)^2} > 0 \tag{12-52}$$

したがって

$$\varphi\{y_{s2}(1), 1\} = \frac{b^2}{2(\beta + 2m)} > \frac{\beta b^2}{2(\beta + m)^2} = \varphi\{y_{s1}(1), 1\} \tag{12-53}$$

であるので、市場均衡条件（12-5）が課せられている場合よりも消費者余剰は大きくなる。

超過需要と市場充足率

ただし、(12-51) で示されているように、この場合には価格が限界評価よりも低く設定されているため、超過需要が生じる。すなわち、低価格で財を購入できる消費者と、購入できない消費者が混在することになる。

消費者余剰 (12-45) を質 α に関して偏微分すると

$$\frac{\partial b^2 \alpha^2 / 2(\beta + 2m\alpha^2)}{\partial \alpha} = \frac{4b^2 \alpha \beta}{4(\beta + 2m\alpha^2)^2} > 0 \tag{12-54}$$

となり、社会的企業にとってはつねに質を高めようとする誘因をもつと考えられる。

質を高めていった場合、価格と平均費用との一致を示す (12-48) より

$$\frac{\partial p_{s2}(\alpha)}{\partial \alpha} = \frac{3mb\alpha^2 \beta + 2m^2 b\alpha^4}{(\beta + 2m\alpha^2)^2} > 0 \tag{12-55}$$

となるので、価格はつねに上昇する。

また最適供給量は当初増加するが、その後は供給量が減少していく。供給量 $y_{s2}(\alpha)$ を質 α に関して偏微分すると

$$\frac{\partial y_{s2}(\alpha)}{\partial \alpha} = \frac{b\beta - 2mb\alpha^2}{(\beta + 2m\alpha^2)^2} \tag{12-56}$$

となるので、質が

$$\alpha = \left(\frac{\beta}{2m}\right)^{1/2}$$

のときに供給量 $y_{s2}(\alpha)$ は最大化される。

市場均衡条件 (12-5) が課されていない場合、一般に需要量と供給量

が一致しないので、以下の概念を定義する。

定義12-3. 設定された価格 p と供給される財の数量 y および質 α が与えられたとき、需要量と供給量の比率 $e \equiv \dfrac{y}{w^{-1}(p, \alpha)}$ を需要の充足率と呼ぶ。

図12-2において、需要の充足率は $y_{s2}(\alpha) \diagup w^{-1}(p, \alpha)$ によって示される。市場均衡条件（12-5）が満たされていれば需要の充足率は当然1である。

仮定12-1および12-2のもとで、限界評価と限界費用が一致するという条件を満たす（12-47）の数量を供給し、平均費用に対応する価格（12-48）を設定した場合、需要量は

$$\frac{b\alpha - \dfrac{bm\alpha^3}{\beta + 2m\alpha^2}}{\beta} \tag{12-57}$$

であるので、定義12-3より、需要の充足率は

$$e = \frac{\beta}{\beta + m\alpha^2} \tag{12-58}$$

となる。これを質 α で偏微分すると

$$\frac{\partial e}{\partial \alpha} = \frac{-2m\alpha\beta}{(\beta + m\alpha^2)^2} < 0 \tag{12-59}$$

であるので、質を上げると需要の充足率は下がる。これらの議論から以下の命題が導かれる。

命題12－2．標準的な質の財を供給する場合、市場均衡条件を課されない社会的企業は、課されている社会的企業よりも供給量は少なく、価格は低く、消費者余剰は大きい。質を高めると消費者余剰は増加するが需要の充足率は低下する。

　財の質を高めることにより、それを享受できる消費者の余剰は増加するが、それを享受できない人の割合は高まることになる。このことは目的関数が市場全体の消費者余剰とされていることによる。

図12－2．

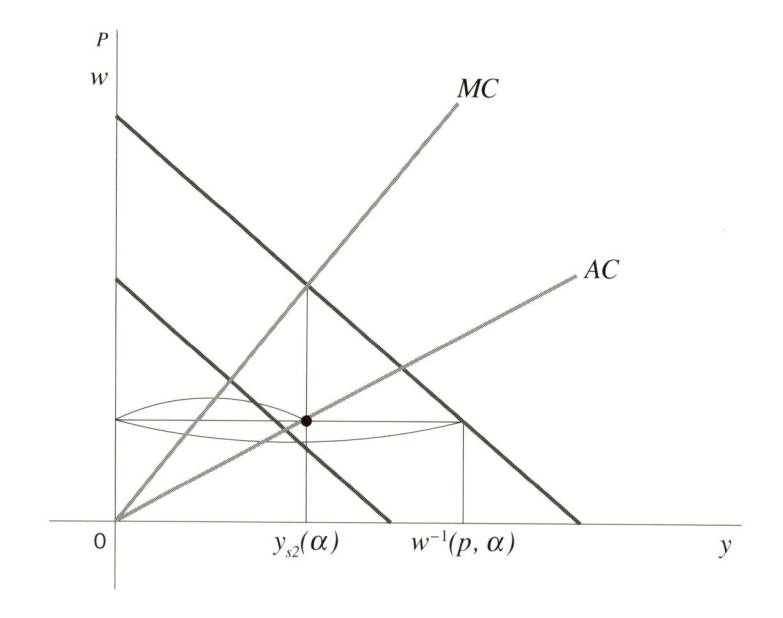

財の質と社会的余剰

　財の質に関しては、それに対する限界評価と費用構造に依存するが、社会的企業によって必ずしも高品質の財が供給されるわけではなく、場合によっては営利企業よりも低品質の財が供給される。しかしその場合でも、営利企業はもちろんのこと、社会的企業が標準的な財を供給する場合よりも消費者余剰は大きい。このことは、さまざまな無駄を省くという側面があると考えられ、たとえば簡素な生活という新しい社会的価値にも繋がるといえる。しかしそのために社会的企業は、質を高めるための費用構造だけでなく、消費者による評価についても適切に情報をもたなくてはならない。そうでなければ、多くの消費者にとっては不要な機能やサービスがついた財が高価格で供給されることになる。

価格設定と社会的余剰

　市場均衡条件が課されない場合は、価格と限界評価の一致を求める市場均衡条件が課される場合よりも供給量は少ないが、消費者余剰は大きくなる。ただし、価格が限界評価よりも低く設定されているため、当然に超過需要が発生し、対価を支払う意思があっても財を得られない消費者が存在する。たとえば保育サービスに対する「待機児童」の問題に対応すると考えられる。

　これは社会的企業の目的関数が市場全体の消費者余剰で考えられているため、消費者間の分配問題は考慮されていないことによる。こうした状況で供給する財の質を高めると消費者余剰は増加するが、価格は上昇し需要の充足率は低下することが示される。現実問題として、前述した保育サービスは低価格でそれを享受できる消費者と、他方で待機児童の存在という形で現れている。もし市場均衡条件が課されれば、対価を支払う意思があってもサービスを受けられないという意味での待機児童の問題は解消さ

れても、高価格のため多くの消費者が実際にサービスを受けられないという事態になると考えられる。これについては、消費者間での分配問題をも考慮した目的関数の設定を検討する必要がある。

第Ⅴ部　営利企業の社会的責任

第13章 企業の社会的責任と社会的責任投資

13-1 企業の社会的責任（CSR）

CSR とは

　営利企業も社会のなかで活動している限り、利潤最大化だけではなく、相応の責任を果たすことが求められる。それを企業の社会的責任（Corporate Social Responsibility：CSR）と呼んでいる。

　CSR の定義は必ずしも明確ではないが、従業員、株主、顧客、地域社会などの利害関係者（ステイクホルダー：stake holder）から要請される、法令順守、説明責任、経営の透明性、社会貢献活動などが含まれ、企業本来の生産活動全般にかかわるものである。すなわち、企業活動が社会に与えるさまざまな影響に責任をもち、利害関係者からの要求に対して適切な行動をとることである。

　CSR は企業によるある種の公共財の供給であり、法的な基準とは独立になされるもの、とも捉えることができる。戦略的なものと、市場の力によるものとにも分けて考えることができる。

　また、共通価値の創造（Creating Shared Value：CSV）とは、社会問題を企業の事業戦略と一体のものとして扱い、事業活動としての利益を得ながら、社会問題の解決を図り、企業と社会の双方がその事業により共通の価値を生み出すこととされる。企業による経済利益活動と社会的価値の創出（＝社会課題の解決）を両立させること、およびそのための経営戦略の

フレームワークを指す。

利害関係者との間でのCSVの最大化、企業の潜在的悪影響の特定、防止、軽減をCSRとする考え方もある。

CSRに対する社会的背景

CSRに対する近年の関心の高まりの背景には、利害関係者の価値観が変化したことが考えられる。従来よりも、より社会との調和を考慮した経営が各企業に求められているといえる。

投資家の観点からは、後述する社会的責任投資に関心が高まっている。消費者の観点からは、財・サービスに対し、それらを供給する企業の社会的責任を考慮した評価が一段と厳しくなり、それが売れ行きにより大きな影響を与える状況になっているといえる。さらに、取引先の観点からは、社会的責任を果たしていることを取引要件の1つとする企業や自治体が現れていることで、営利活動としての業務を続けるうえでもCSRが重要になってきている。

経営戦略としてのCSR

CSRについて野村総合研究所では、企業の社会性を「予防倫理－積極倫理」、「事業内領域－事業外領域」という2つの軸によって整理し、企業が取り組むべき3つの領域を設定している。

予防倫理に基づく取り組みとは、社会に対し負の影響を与えないように予防する、あるいはすでに負の影響を与えていた場合にはそれをなくすことを意図するものを指す。積極倫理に基づく取り組みとは、社会に対して正の影響を与えることを意図するものを指す。

企業倫理・社会責任：予防倫理に基づく法例遵守活動や自己規制活動などで、企業の存続や競争力をつけるための前提条件と位置づけられる。

投資的社会貢献活動：積極倫理に基づく事業外領域の取り組みで、投資的社会貢献活動および慈善的社会貢献活動などであり、社会との良好な関係の構築を目指すものである。

　事業活動を通じた社会革新：積極倫理に基づく事業内領域の取り組みで、事業活動を通じて社会を革新し、社会価値の創造を意図するものを指す。ビジネスモデル自体に社会性を組み込むことによって、他企業との差別化がなされ顧客の支持が得られるのであれば、競争力の強化につながる。

日本におけるCSRの展開

　日本においては経済同友会が「経営者の社会的責任の自覚と実践」を決議した1956年が「CSR元年」ともいわれている。

　1960年代は産業公害が多発し、企業に対する不信感や企業性悪説が噴出した。1967年に「公害対策基本法」が成立した。企業の対応としては、現場における産業公害への個別対策が主であった。

　1970年代前半は、田中角栄内閣による「日本列島改造論」や1973年の第一次石油ショック後の、企業の利益至上主義に対する批判が相次いだ。商法改正やCSR国会決議（1974年）などの動きを受けて、企業の対応としては公害対応部署の創設や、企業利益を社会に還元するための財団設立が相次いだ。

　1980年代は、「総会屋事件」などの不祥事やいわゆるカネ余り・バブル拡大などの事象を受け、企業の対応としてフィランソロピーやメセナといった社会貢献活動が活性化した（第14章参照）。

　1990年代は、バブルが崩壊し、企業倫理問題や地球環境問題が顕在化した。1991年に経済団体連合会が「企業行動憲章」を制定し、企業の対応としては行動規範の策定や、地球環境問題に対応する部署の設置が続いた。

2000年代は、企業の不祥事が相次ぎ、新しい利害関係者が認識された。後述する欧米の社会的責任投資（SRI）ファンドが日本に導入され、CSR格付けが普及した。企業の対応としてはCSRを担当する部署の設置が相次いだ。2003年を日本の「CSR経営元年」とする見方もある。

　2010年代は、2010年の「社会的責任の国際規格（ISO 26000）」の発行や経済団体連合会が「企業行動憲章」を改訂したことを受け、CSR経営・報告の見直しが続いている。

13-2　社会的責任投資（SRI）

社会的責任投資（Social Responsible Investment：SRI）とは

　SRIとは市場機構を通して、企業の経営者に対しCSRに配慮した持続可能な経営を求めていく投資を指す。その際に、投資対象を選択する投資基準として、これまでのような成長性や財務の健全性、株主価値の最大化といった観点だけではなく、社会問題への経営の取り組みなども考慮する考え方をいう。

　広義には、投資する主体の社会的価値観に基づいて投資先を選択し、投資する手法も含まれる。例としては、宗教団体がその教義にそぐわない企業を投資先から排除することが挙げられる。

SRIの評価手法

　投資対象の決定や評価、あるいは企業に対する働きかけの手法として以下のようなものがある。

　ネガティブ・スクリーニング（negative screening）とは、投資基準に合わない企業を投資先リストから排除し、その排除後のリストを用いて投資先を選定する手法を指す。ただし排除される業種については必ずしもつね

に社会的な合意が形成されるわけではない。また、それぞれの国や地域で文化的背景や経済状況が異なるため、他の国や地域の投資基準をそのまま適用することは多くの場合に困難である。

ポジティブ・スクリーニング（positive screening）とは、各企業が行っているCSRについて何らかの基準で評価し、その評価の点数に基づいて投資を行う手法を指す。一般にはアンケート調査票を企業に送付し、その回答をもとに調査機関がその企業の点数付けを行っている。

テーマ・インベストメント（theme investment）とは、温暖化対策や農業など特定のテーマに関連した企業に投資する手法を指す。

インテグレーション（integration）とは、財務分析など既存の投資決定過程に環境・社会・ガバナンス（Environment, Society, Governance：ESG）に対する企業の取り組みを組み込む手法を指す。

エンゲージメント（engagement）とは、株主の立場から提案や対話をすることで、経営者に直接働きかける方法を指す。

SRIの種類

SRIは以下のように、内容によっていくつかに類型化される。

コミュニティー投資とは、限定された地域（コミュニティー）の抱える問題を改善するための企業やプロジェクト等への投資を指す。

環境配慮型投資とは、環境問題に特化した、二酸化炭素の排出量や植林事業の状況などさまざまな企業の環境問題に対する取り組みを評価し、行う投資を指す。

CSR経営評価による投資とは、トリプル・ボトムラインに基づいた経営評価を行い、その結果に基づいて行う投資を指す。ここでトリプル・ボトムラインとは企業活動を、経済の側面のみでなく、環境と社会という側面からも評価しようという考え方であり、ボトムラインとは、利益や損失な

どの最終結果を表す財務諸表の最終行の意味である。

SRIの歴史的背景

　SRIの起源は、17世紀イギリスのキリスト教教団が宗教的倫理観に基づいて、投資基準に社会的評価を適用したことに始まるとされる。1928年にアメリカで最初のオープン型投資信託の1つに、「罪ある株」としてたばこやギャンブルに関わる企業を投資対象から排除するネガティブ・スクリーニングが適用された。

　1971年にはベトナム戦争に関わる企業を投資対象から排除し、公害対策など社会問題への取り組みに優れた企業を選択する初のポジティブ・スクリーニングを取り入れたSRI投資信託が設立された。

　2006年に当時のアナン国連事務総長が、機関投資家の意思決定過程に先述した環境・社会・ガバナンス（ESG）を受託者責任の範囲内で反映させるべきであるとして、責任投資原則（Principles for Responsible Investment：PRI）を提唱した。このPRIは以下の6項目からなる。(1)投資対象の分析と意思決定にEGSの課題を組み込む、(2)活動的な株式所有者となり、所有方針と所有慣習にESGの課題を組み込む、(3)投資対象に対し、ESGの課題について適切な開示を求める、(4)資産運用業界に対し、以上の原則が受け入れられ実行されるように働きかける、(5)これらの原則の効果を高めるために協働する、(6)これらの原則に関する活動状況や進捗状況について報告する。このPRIは法的拘束力をもたないが、SRIを普及させる内容となっている。

日本におけるSRIに関する課題

　一般に日本においてSRIに対する関心や実績は欧米諸国に比べて低迷しているといわれている。それについて以下の要因が考えられる。

まず、投資家から資産を預かり運用に携わる受託者は、投資家の利益を最優先する責任を負うが、SRIを考慮して投資することはこの責任に反するという意見が多いと考えられる。

　つぎに、投資銘柄を選定する際に考慮される、各企業による環境・社会・ガバナンス（ESG）に対する取り組みに関する開示情報の信頼性が必ずしも十分でないことも挙げられる。その多くは各企業の自主的な文章によるもので、他社との比較検討が難しく、標準化の必要性や正確性の担保といった問題が指摘されている。

　また、そもそも日本の個人金融資産に占める株式や投資信託の割合が他の先進国と比べて低く、SRIに対する関心も低いことが挙げられる。

第14章
営利企業の社会貢献活動

14-1 企業フィランソロピーの特質

民間企業の利益還元とフィランソロピー

フィランソロピー（philanthropy）とは本来、博愛あるいは人類愛という意味をもつ言葉であり、慈善や篤志活動と訳されることもあるが、現在では企業や個人など民間主体による社会貢献活動を表す用語として使われている。

企業フィランソロピーのための資金は基本的に利潤を源泉とするが、その使われ方にはほかに3つの可能性がある。

第1は、租税として支払われ、政治システムのなかで用いられる。

第2は、その企業の製品価格を低下させることなどによって、顧客に利益を還元する。

第3は、株式会社の場合に企業の所有者である株主に配当として還元する。

これらの使われ方のなかで、製品価格の低下と株主への配当は、利益還元の対象がそれぞれ顧客と株主というように特定化される。これに対して、租税とフィランソロピーは一般に対象が特定化されない。この意味で租税とフィランソロピーはある種の代替関係にある。どちらの使われ方が社会的により有効であるかについては、第15章で理論モデルを用いて考察する。

図14−1.　民間企業の利益還元

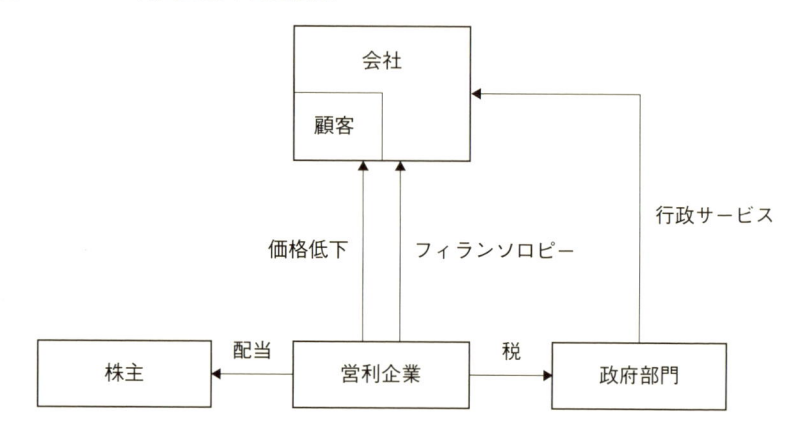

経営戦略としての企業フィランソロピー

　企業のフィランソロピーを、長期的な利潤最大化行動の一環としての、1つの社会投資としてとらえる考え方は、現実の経営理念としても説得力をもっている。つまりフィランソロピーによる企業の支出増加も、その企業の社会的な評価を高め、長期的にはその利潤を増加させる方向に働くという観点である。

　そこでの基本的な考え方は、企業フィランソロピーが消費者によって評価され、その企業の製品に対する将来の需要に影響を与えるということである。さらに加えれば、労働市場において良い「企業イメージ」をつくり、優秀な人材を確保しやすくすることも含まれる。優秀な人材は生産性の向上につながる。また将来の利潤をどのように評価するか、あるいはどの程度に長期的な視野に立つか、という経営姿勢にも関係する。

　営利活動のための財の生産だけでなく、フィランソロピーについても相応の費用がかかる。企業が最大化を目的とする利潤は、財の販売から得ら

れる収入から財の生産とフィランソロピーに要した費用を引いた額であり、短期的なものと長期的なものがある。次節で理論モデルを用いてより詳しく考察するが、一般に、企業が将来の利潤をより重視するにしたがって、将来の財の供給量だけでなくフィランソロピーの水準も増加していくと考えられる。

メセナとは

企業による社会貢献活動の1つにメセナと呼ばれる分野がある。メセナとは、狭義には企業による芸術・文化支援活動を意味し、広義には福祉、教育、環境などを含めた社会貢献活動を指す。

日本では1990年に公益法人「企業メセナ協議会」が設立されて企業メセナの概念が広まり、CSRの一部と捉えられている。

メセナの語源としては、ローマ帝国初代皇帝アウグストゥスの側近として文化・広報を担当した人物であるマエケナスの名前に由来しており、後代を通じて文化を助成することを「マエケナスする」、フランス風では「メセナする」と表現されるようになったものである。

フィランソロピーの質と消費者による評価

個別のフィランソロピーを評価するうえで重要なことは、活動の水準がどのように将来の価格に影響を与えるかであり、活動の内容が大きな意味をもってくる。単に企業名の宣伝だけであったり、社会的にあまり意味のない活動に膨大な資金が費やされたりする危険性はつねに存在する。社会的に意義の小さい活動については、いくら企業が資金を費やしても、消費者による評価は小さいと考えるべきである。

フィランソロピーの水準は、企業の経営姿勢だけの問題ではなく、結局は消費者が各企業の活動を長期的にかつ適切に評価できるか、そして企業

がそうした消費者の評価を正しく把握できるかにかかっている。

企業の社会的責任と見識ある自己利益

　市場システムや政治システムを補完するフィランソロピーの担い手として、企業をはじめとする民間組織は多くの優れた特性をもっている。とくに企業は、各種の技術や情報収集・分析などさまざまな面で優れた能力をもっている。そうした企業の行動哲学ともいうべき概念として、有効なフィランソロピーが、消費者の評価を通じて長期的な利益の増大につながるという見識ある自己利益（enlightened self-interest）が存在する。

　しかし消費者の評価が、常に社会的必要性の正しい認識に基づいているとは限らない。もし企業が消費者以上に正しい判断を下すことができるなら、長期的利潤最大化と見識ある自己利益は相反する結果をもたらすであろう。見識ある自己利益を追求するなら、少なくとも短期的には消費者の評価が下がり、利潤最大化の目的から離れてゆくことを覚悟しなければならない。

　だが、消費者に対する情報の提供などで、そうした問題を克服しつつ見識ある自己利益を追求するなら、それは長期的利潤最大化にもつながり、真の意味で企業の社会的役割を果たすことになるであろう。

民間のフィランソロピーと制度的枠組み

　NPOや企業フィランソロピー、あるいは個人のボランティアなどの民間主体による社会貢献活動は、税制などの社会制度と密接な関係をもっている。

　政府と国民との関係は、それぞれの国に独自の歴史的・社会的背景があるために、たとえば日本とアメリカとでは大きく異なっている。アメリカでは「課税権とは、破壊力である」とみなす考えもあり、多元的な価値観

を確保するための機構として非営利部門は位置づけされ続けていくであろう。他方、わが国では伝統的に公的部門の方が民間部門よりも有効に社会的ニーズに対応し得るという考えが強く、それが寄付に対する税制優遇措置などを含む、制度的な面にも現れているように思われる。

14-2 「見識ある自己利益」としての営利企業による社会貢献活動

見識ある自己利益

　前節での議論を踏まえて、企業の社会的責任の一環としての、社会貢献活動への支出について理論モデルを用いて考察する。社会貢献活動については「見識ある自己利益」として、長期的利潤最大化の一環と捉えること、あるいは直接的な利潤以外の目的を設定することも可能である。ここでは、広義の投資とともに社会貢献活動が将来の利潤をもたらすと考えて目的関数を設定する。

基本的仮定

　現在と将来の２期間にわたり、差別化された財を供給し、社会貢献活動も行う営利企業を考える。現在を第１期、将来を第２期とし、第１期の供給量を x_1、第２期の供給量を x_2 によって表す。第１期におけるフィランソロピーの水準を α とする。第１期および第２期の価格をそれぞれ p_1 および p_2 とし、逆需要関数を考える。

$$p_1 = p_1(x_1) \tag{14-1}$$

$$p_2 = p_2(x_2, \alpha) \tag{14-2}$$

第2期の逆需要関数は第1期におけるフィランソロピーの水準 α にも依存している。すなわちフィランソロピー活動が将来の消費者による財に対する評価に影響を与えると考える。

フィランソロピー活動の費用関数を

$$\phi = \phi(\alpha) \tag{14-3}$$

によって表す。

第1期の生産についての費用関数を

$$c_1 = c_1(x_1) \tag{14-4}$$

で表し、第2期の生産についての費用関数を

$$c_2 = c_2(x_2, \alpha) \tag{14-5}$$

で表す。第1期におけるフィランソロピー活動は第2期の生産費用にも影響を与えると考える。

第1期および第2期の利潤の割引現在価値は

$$\pi = p_1 x_1 - c_1(x_1) - \phi(\alpha) + \rho\{x_2 p_2(x_2, \alpha) - c_2(x_2)\},\ 0 \leq \rho \leq 1 \tag{14-6}$$

と表される。ここで ρ は割引因子であり、それが大きいほど長期的な視点に立つものと考えられる。

企業は利潤の割引現在価値（14-6）を最大化するように x_1、x_2 および α を決定する。x_1 に関する1階の条件は

$$\frac{\partial \pi}{\partial x_1} = p_1 + x_1 \frac{dp_1}{dx_1} - \frac{dc_1}{dx_1} = 0 \tag{14-7}$$

となる。すなわち、x_1 について限界収入と限界費用が一致するという条件である。

　x_2 および α の決定のために以下の仮定を導入する。

　仮定14－1．収入関数 $x_2 p_2(x_2, \alpha)$ は x_2 および α に関して凹、逆需要関数 $p_2 = p_2(x_2, \alpha)$ は2回微分可能であり、

$$p_x \equiv \frac{\partial p_2}{\partial x_2} < 0 \quad,\quad p_\alpha \equiv \frac{\partial p_2}{\partial \alpha} > 0 \quad,\quad p_{xx} \equiv \frac{\partial^2 p_2}{\partial x_2^2} = 0 \quad,$$

$$p_{\alpha\alpha} \equiv \frac{\partial^2 p_2}{\partial \alpha^2} < 0 \quad,\quad p_{x\alpha} \equiv \frac{\partial^2 p_2}{\partial x_2 \partial \alpha} = 0$$

　仮定14－2．費用関数 $c_2(x_2, \alpha)$ は2回微分可能であり、

$$c_x \equiv \frac{\partial c_2}{\partial x_2} > 0 \quad,\quad c_\alpha \equiv \frac{\partial c_2}{\partial \alpha} > 0 \quad,\quad c_{xx} \equiv \frac{\partial^2 c_2}{\partial x_2^2} > 0 \quad,$$

$$c_{\alpha\alpha} \equiv \frac{\partial^2 c_2}{\partial \alpha^2} = 0 \quad,\quad c_{x\alpha} \equiv \frac{\partial^2 c_2}{\partial x_2 \partial \alpha} = 0$$

　仮定14－3．フィランソロピーの費用関数 $\phi = \phi(\alpha)$ は2回微分可能であり、$\phi' \equiv \dfrac{d\varphi}{d\alpha} > 0, \ \phi'' \equiv \dfrac{d^2\phi}{d\alpha^2} > 0.$

仮定 14 - 1 ～ 14 - 3 より

$$\pi_x \equiv \frac{\partial \pi}{\partial x_2} = \rho(p_2 + x_2 p_x - c_x) \tag{14-8}$$

$$\pi_\alpha \equiv \frac{\partial \pi}{\partial \alpha} = \rho(x_2 p_\alpha - c_\alpha) - \phi' \tag{14-9}$$

$$\pi_{xx} \equiv \frac{\partial \pi}{\partial x_2^2} = \rho(2 p_x + x_2 p_{xx} - c_{xx}) < 0 \tag{14-10}$$

$$\pi_{\alpha\alpha} \equiv \frac{\partial \pi}{\partial \alpha^2} = \rho(x_2 p_{\alpha\alpha} - c_{\alpha\alpha}) - \phi'' < 0 \tag{14-11}$$

$$\pi_{x\alpha} \equiv \frac{\partial^2 \pi}{\partial x_2 \partial \alpha} = \rho(p_\alpha + x_2 p_{x\alpha} - c_{x\alpha}) > 0 \tag{14-12}$$

x_2 および α に関する利潤最大化の 1 階の条件は

$$\pi_x = \rho(p_2 + x_2 p_{xx} - c_x) = 0 \tag{14-13}$$

$$\pi_\alpha = \rho(x_2 p_\alpha - c_\alpha) - \phi' = 0 \tag{14-14}$$

利潤最大化の 2 階の条件は

$$\pi_{xx} = \rho(2 p_x + x_2 p_x - c_{xx}) < 0 \tag{14-15}$$

$$\pi_{\alpha\alpha} = \rho(x_2 p_{\alpha\alpha} - c_{\alpha\alpha}) - \phi'' < 0 \tag{14-16}$$

$$\begin{vmatrix} \pi_{xx} & \pi_{x\alpha} \\ \pi_{x\alpha} & \pi_{\alpha\alpha} \end{vmatrix} = \begin{vmatrix} 2p_x - c_{xx} & p_\alpha \\ p_\alpha & x_2 p_{\alpha\alpha} - \rho^{-1}\phi'' \end{vmatrix} > 0 \qquad (14\text{-}17)$$

であり、(14-10) 〜 (14-12) より、これらの条件が満たされていることが確認できる。

比較静学分析

割引因子 ρ の変化が x_2 および α の決定に与える効果を考察する。1階の条件 (14-13) および (14-4) を以下のように変形する。

$$p_2 + x_2 p_x - c_x = 0 \qquad (14\text{-}18)$$

$$x_2 p_\alpha - c_\alpha - \rho^{-1}\phi' = 0 \qquad (14\text{-}19)$$

これらの条件を割引因子 ρ で微分する。

$$\begin{pmatrix} 2p_x - c_{xx} & p_\alpha \\ p_\alpha & x_2 p_{\alpha\alpha} - \rho^{-1}\phi'' \end{pmatrix} \begin{pmatrix} dx_2/d\rho \\ d\alpha/d\rho \end{pmatrix} = \begin{pmatrix} 0 \\ -\rho^{-2}\phi' \end{pmatrix} \qquad (14\text{-}20)$$

(14-17) より、係数行列の行列式は正である。この連立方程式を解くことにより、以下の命題が求められる。

命題14 − 1. 仮定14 − 1、14 − 2、14 − 3 より

$$\frac{dx_2}{d\rho} > 0, \frac{d\alpha}{d\rho} > 0.$$

割引因子 ρ が大きくなると、すなわち企業がより長期的な視野に立つと、第2期の供給量は減少し、第1期のフィランソロピー水準は増加する。

第15章
営利企業、NPOおよび政府と社会的便益

15-1 公共財と供給組織形態

組織形態の違い

　本章では、公共財のようなある種の性質をもった財を最も効率的に供給する主体として、どのような行動原理に基づき、どのような能力あるいは情報をもった組織が社会的に望ましいのかを、民間営利企業、NPOならびに政府部門について簡単な理論モデルを用いて比較検討する。

　生産物は製品差別化された私的財と公共財を考える。消費者が各財の消費から得られる便益は、その財の質と量という2つの要因に依存すると考える。財の質を向上させるための要素の投入は、顧客に関する情報の収集やノウハウの蓄積などを考えるが、複数の財を供給している主体にとっては、それぞれの生産に共通な公共財的なものとして用いられる。民間企業の営利活動は利潤最大化を目的とし、NPOならびに政府部門については、いくつかの制約の下で社会的便益最大化を目的として設定する。

生産技術と評価

　財の種類として１私的財、１公共財、１生産要素を考える。私的財と公共財は製品差別化されており、質の異なる財が無限に存在し得るとする。私的財の生産関数ならびに価格関数（逆需要関数）を次のように表す。

$$x = f(a_x) \tag{15-1}$$

$$p(x, \ a_z, \ \alpha) \tag{15-2}$$

　x は私的財の数量を表し、a_x と a_z はそれぞれ私的財の量を増加させるための生産要素投入量と財の質を高めるための生産要素投入量を表す。(15-1)の生産関数は、私的財の量と生産要素の投入量との関係のみを示したものである。私的財の価格は、私的財の数量と、質を高めるために企業が投入した要素の量に依存している。α はシフトパラメーターであり、以下で仮定するように、私的財の質についての評価の度合いを表している。

　公共財については、生産関数ならびに社会的な評価関数を考える。

$$y = g(a_y) \tag{15-3}$$

$$b(y, a_z) \tag{15-4}$$

　y は公共財の数量を表し、a_y と a_z はそれぞれ公共財の量を増加させるための生産要素の投入量と質を高めるための生産要素投入量を表す。

　私的財生産関数と逆需要関数、ならびに公共財の生産関数と社会的評価関数について以下の仮定をおく。

仮定15-1.　私的財の生産関数 f は微分可能であり、$f' > 0$, $f'' < 0$。

仮定15－2．私的財の価格関数 p は微分可能であり、

$$\frac{\partial p}{\partial x} \equiv p_x > 0, \frac{\partial p}{\partial a_z} \equiv p_z > 0, \frac{\partial p}{\partial \alpha} \equiv p_\alpha > 0.$$

$$\frac{\partial^2 p}{\partial x \partial \alpha} \equiv p_{x\alpha} = 0, \quad \frac{\partial^2 p}{\partial x \partial a_z} \equiv p_{xz} > 0, \quad \frac{\partial^2 p}{\partial x^2} \equiv p_{xx} < 0, \quad \frac{\partial^2 p}{\partial a_z^2} \equiv p_{zz} < 0$$

仮定15－3．公共財の生産関数 g は微分可能であり、$g' > 0$，$g'' = 0$。

仮定15－4．公共財の社会的評価関数 b は 1 次同次で微分可能であり、

$$\frac{\partial b}{\partial y} \equiv b_y > 0, \frac{\partial b}{\partial a_z} \equiv b_z > 0, \frac{\partial^2 b}{\partial y \partial a_z} \equiv b_{yz} > 0, \frac{\partial^2 b}{\partial y^2} \equiv b_{yy} < 0, \frac{\partial^2 b}{\partial a_z^2} \equiv b_{zz} < 0$$

　私的財の供給は、民間企業による利潤最大化行動としてなされる。利潤最大化問題は以下のように定式化される。

$$\max_{a_x, a_z} . p(x, a_z, \alpha) f(a_x) - w(a_x + a_z) \tag{15-5}$$

　ここで w は生産要素の価格であり、所与とする。$p(x, a_z, \alpha) f(a_x)$ は民間営利企業にとっての収入であり、次の仮定をおく。

仮定15－5．収入関数 $p(x, a_z, \alpha) f(a_x)$ は生産要素 a_x および a_z について凹である。

　利潤最大化の 1 階の条件は以下である。

$$pf' + fp_x f' - w = 0 \tag{15-6}$$

$$fp_z - w = 0 \tag{15-7}$$

1階の条件から利潤最大化の意味での最適な要素投入量が、要素価格 w の関数として導かれ、それらをそれぞれ $a_x^*(w)$、$a_z^*(w)$ と表す。

公共財の供給にはいくつかの定式化が考えられる。

（ⅰ）一定支出のもとで社会的便益の最大化を図り、対価の徴収はない。

（ⅱ）独立採算原理の下で、社会的純便益の最大化を図る。対価を徴収し、支出額と一致させる。社会的純便益とは、社会的便益から生産費を引いたものである。

それぞれの場合について、公的部門が供給する場合と民間部門が供給する場合を比較検討する。

15-2　一定支出のもとでの社会的便益最大化

政府部門の行動

政府部門の行動については次のように社会的便益最大化問題として定式化される。

$$\begin{aligned} &\max. \ b\{g(a_y), a_z\} \\ &subject \ to \ w(a_y + a_z) = m \end{aligned} \tag{15-8}$$

ここで m は公共財供給のための予算額である。予算額そのものの決定については、ここでは考えずに所与とする。政府部門は、予算 m の制約の下に、社会的便益を最大化するように公共財の数量を増加させるための生産要素 a_y と質を高めるための生産要素 a_z の投入量を決定する。最大化の

1 階の条件は以下である。

$$b_y g' - \lambda w = 0 \tag{15-9}$$

$$b_z - \lambda w = 0 \tag{15-10}$$

$$w(a_y + a_z) = m \tag{15-11}$$

であり、ここで λ はラグランジュ乗数である。(15-9) および (15-10) 式から

$$\frac{b_y g'}{b_z} = 1 \tag{15-12}$$

となる。すなわち2種類の生産要素の技術的限界代替率が要素価格比に等しいということであり、この場合は要素価格が同じなので1となる。これらを a_y と a_z について解くことにより、一定の支出制約のもとで社会的便益最大化の意味での最適な要素投入量が、要素価格 w と予算額 m の関数として導かれる。それらを $a_y^{**}(w, m)$、$a_z^{**}(w, m)$ と表す。

NPOの行動

　NPOは、量に関する生産要素はボランティアにより通常よりも低い価格で投入することができると考える。一般の要素価格 w に対してNPOは、量に関する生産要素を価格 $v < w$ で投入できるとする。質に関する要素は、他の組織と同様に価格 w で投入するとする。これは、質に関する要素は、顧客に関する情報や専門知識、ノウハウなどであるので、一般的にボランティアによる供給が困難であると考えられるためである。

　一定支出の下での社会的便益最大化問題は以下のように定式化される。

$$\text{max}. \; b\{g(a_y), a_z\}$$
$$subject \; to \;\; va_y + wa_z = m \tag{15-13}$$

1 階の条件は

$$\frac{b_y g'}{b_z} = \frac{v}{w} < 1 \tag{15-14}$$

これらの条件および仮定15 − 3 および15 − 4 から以下の命題が導かれる。

命題15 − 1．一定支出の下で社会的便益最大化行動に基づき公共財を供給するNPOは、政府部門による供給に比べて、量ならびに社会的便益は大きい。質に関する生産要素の投入の大小関係は不定で、ボランティアにより低価格で投入できることの代替効果と所得効果の大小関係に依存する。

営利企業の行動 ── 利潤最大化から導かれた生産要素を公共財の生産に投入する場合

民間企業が利潤最大化のために集めた顧客に関する情報やノウハウの蓄積を、そのまま無償で公共財の生産に用いると考える。このときの民間企業の行動は次のように定式化される。

$$\text{max}. \; b\{g(a_y), a_z\}$$
$$subject \; to \; w\{a_y + a_z - a_z^*(w)\} = m \tag{15-15}$$
$$a_z \geq a_z^*(w)$$

最大化の1階の条件は

$$b_y g' - \lambda w = 0 \qquad\qquad (15\text{-}16)$$

$$b_z - \lambda w = 0 \qquad\qquad (15\text{-}17)$$

$$w\{a_y + a_z - a_z^*(w)\} = m \qquad\qquad (15\text{-}18)$$

これを、公的部門が公共財を供給した場合と比べると、内点均衡であれば、公共財生産のための予算が $wa_z^*(w)$ だけ増加したのと同じ効果を持つことがわかる。コーナー均衡であっても仮定15－4から $b_z > 0$ であるので、民間企業が公共財を供給した方が社会的便益は高い。

命題15－2．一定支出の下で社会的便益最大化行動に基づき公共財をフィランソロピーとして供給する営利企業は、政府部門による供給に比べて、社会的便益は大きい。

NPOと企業フィランソロピーによる供給のどちらの社会的便益が大きいかは、ボランティア価格 v と質のための生産要素投入量 a_z^* に依存し、不定である。

図15－1および図15－2において、Gは政府、Fは企業フィランソロピー、NはNPOによる公共財の供給を表している。図15－1は、企業フィランソロピーによる供給の方がNPOによるものよりも社会的便益が大きい場合を示しており、営利企業のもつノウハウがボランティアによる低価格労働の効果よりも高い。他方、図15－2は、NPOによる供給の方が企業フィランソロピーによるものよりも社会的便益が大きい場合を示しており、ボランティアによる低価格労働の効果が営利企業のもつノウハウよりも高い。

図15－1.

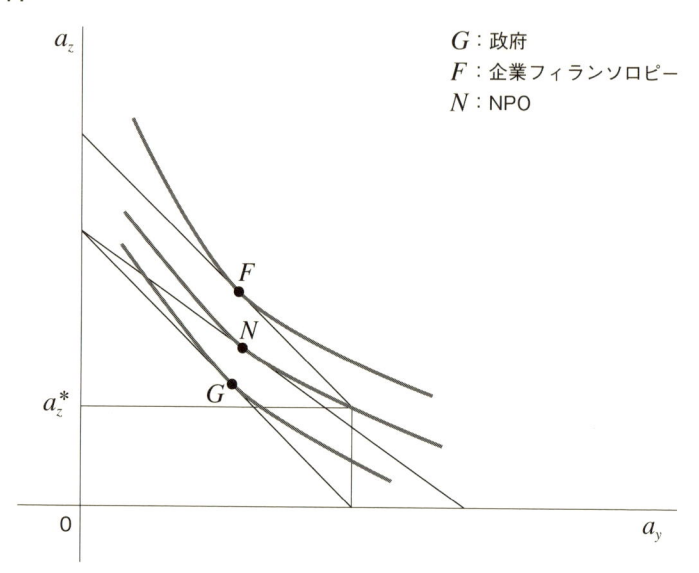

G：政府
F：企業フィランソロピー
N：NPO

図15－2.

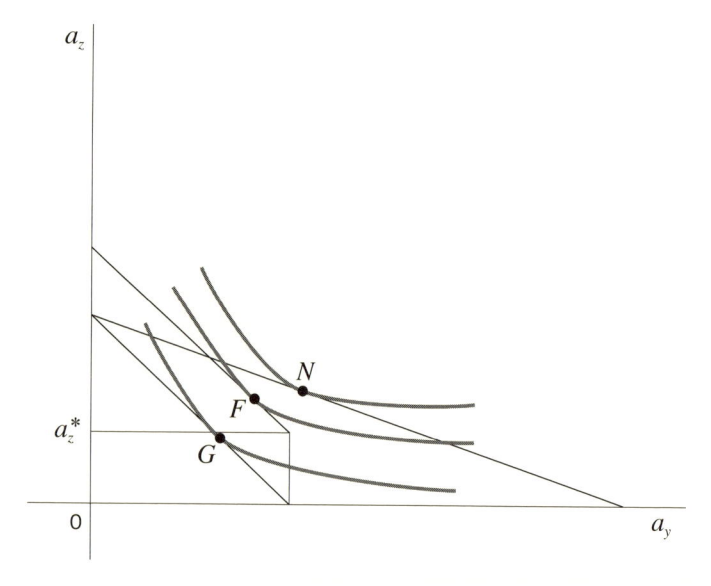

営利企業の行動 —— 利潤最大化のための要素投入の一部を公的予算から支出する場合

　営利企業が、公共財生産のために与えられた公的予算を用いて投入した生産要素を、利潤最大化を目的とした私的財生産にも用いると考える。このときの民間企業の社会的便益最大化行動は次のように定式化される。

$$\max. \; b\{g(a_y), a_z\}$$
$$subject \; to \; w(a_y + a_z) = m \tag{15-19}$$
$$a_z \geq a_z^*(w)$$

　社会的便益最大化の1階の条件は、政府部門による公共財供給と同じく

$$b_y g' - \lambda w = 0 \tag{15-20}$$

$$b_z - \lambda w = 0 \tag{15-21}$$

$$w(a_y + a_z) = m \tag{15-22}$$

　内点均衡のときには、政府部門が公共財を供給した場合と同じ $a_y^{**}(w, m)$ および $a_z^{**}(w, m)$ になる。しかし（15-20）〜（15-22）式を満たすような a_z の水準が $a_z^*(w)$ よりも小さいときにはコーナー均衡となり、実際の投入は $a_z^*(w)$ なので、政府部門が供給する場合よりも社会的便益は低くなる。これは質を高めるための要素が非効率的に投入されているためである。

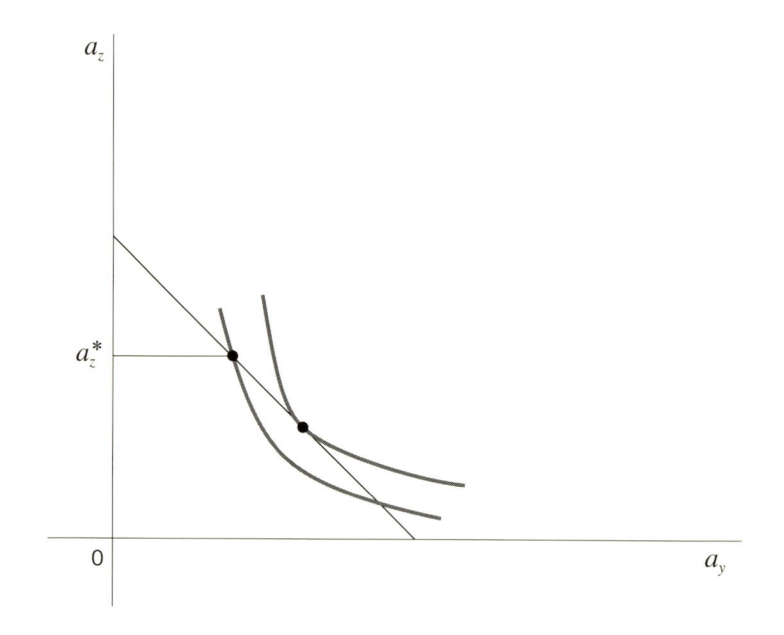

したがって、すでに情報やノウハウなどの蓄積が十分な民間企業が、公共財を供給する場合には公的部門よりも効率的に行うことが可能であるが、公的予算が私的利潤のために非効率的に用いられることも考えられる。

こうした公的部門と民間部門における効率性の相違は、民間部門が利潤最大化のために供給する私的財に対する消費者の評価に依存する。

補助定理15－1．仮定15－1、15－2および15－5のもとで消費者が私的財の評価について質をより重視するならば、利潤最大化行動をとる企業による量のための要素投入量ならびに質のための要素投入量は増加す

る。

　証明．利潤最大化の１階の条件（15-6）（15-7）をシフトパラメーター α で微分することにより次の連立方程式が得られる。

$$\begin{pmatrix} pf''+2p_x f'^2 + p_x ff'' + p_{xx} ff'^2 & p_z f' \\ p_x f' & fp_{zz} \end{pmatrix} \begin{pmatrix} \dfrac{da_x}{d\alpha} \\ \dfrac{da_z}{d\alpha} \end{pmatrix} = \begin{pmatrix} -p_\alpha f' \\ -p_{z\alpha} f \end{pmatrix}$$

　仮定15-5から係数行列の行列式は正であるので、この連立方程式を解くことにより $\dfrac{da_x}{d\alpha} > 0$ および $\dfrac{da_z}{d\alpha} > 0$ が得られる。　　　　（証明終了）

　命題15-3．仮定15-1〜15-5のもとで、私的財について質がより重視されるなら、一定予算の下で民間企業によって供給される公共財に関する社会的便益は、公共財の質および量の双方の向上により増加する。

　証明．補助定理により、質がより重視されることにより、質のための要素投入量 $a_z^*(\mathrm{w})$ は増加する。社会的便益最大化の１階の条件（15-16）〜（15-18）式を $a_z^*(\mathrm{w})$ で微分することにより次の連立方程式が得られる。

$$\begin{pmatrix} b_{yy}g'^2 & 0 & -w \\ b_{yz} & b_{zz} & -w \\ w & w & 0 \end{pmatrix} \begin{pmatrix} \dfrac{da_y}{da_z^*} \\ \dfrac{da_z}{da_z^*} \\ \dfrac{d\lambda}{da_z^*} \end{pmatrix} = \begin{pmatrix} 0 \\ 0 \\ w \end{pmatrix}$$

仮定15－2および15－3の下でこれらの式を解くことにより

$$\frac{da_y}{da_z^*} > 0 \ 、 \frac{da_z}{da_z^*} > 0 \ が得られる。 \qquad （証明終了）$$

15-3 独立採算原理の下での純社会的便益

費用最小化行動

公共財の供給に関し、ある一定の社会的便益の水準 $\bar{b}$ を達成するための費用最小化問題を考える。その際、質を高める要素について、政府部門と、私的財の供給に用いた要素 a_z^* を使うことのできる民間営利企業とでは異なる状況である。政府部門については

$$\min_{a_y \geq 0, a_z \geq 0} \quad w(a_y + a_z)$$
$$subject \ to \ \ b[g(a_y), a_z] = \bar{b} \qquad (15\text{-}23)$$

となる。営利企業に関しては

$$\min_{a_y \geq 0, a_z \geq 0} \quad w(a_y + a_z - a_z^*)$$
$$subject \ to \ \ b\{g(a_y), a_z\} = \bar{b} \qquad (15\text{-}24)$$

となる。

1階の条件はどちらも

$$\frac{b_y g'}{b_z} = 1 \qquad (15\text{-}25)$$

である。すなわち2種類の生産要素の技術的限界代替率が要素価格比に等しいということであり、この場合は要素価格が同じなので1となる。

問題（15-23）の解を、政府部門による要素需要関数

$$a_y^G(b) 、 a_z^G(b) \tag{15-26}$$

として表す。また問題（15-24）の解を、営利企業による要素需要関数

$$a_y^F(b) 、 a_z^F(b) \tag{15-27}$$

として表す。

NPOに関しての問題は

$$\min_{a_y \geq 0, a_z \geq 0} . \quad va_y + wa_z$$
$$subject \ to \ \ b[g(a_y), a_z] = \bar{b} \tag{15-28}$$

となり、1階の条件は

$$\frac{b_y g'}{b_z} = \frac{v}{w} < 1 \tag{15-29}$$

となる。

この問題（15-28）の解を、NPOによる要素需要関数

$$a_y^N(b) 、 a_z^N(b) \tag{15-30}$$

によって表す。

組織体と社会的便益

これらによって、それぞれの組織体による社会的便益を実現するための

費用関数 $C(b)$ が定義される。

$$C^G(b) \equiv w\{a_y^G(b) + a_z^G(b)\} \tag{15-31}$$

$$C^F(b) \equiv w\{a_y^F(b) + a_z^F(b)\} \tag{15-32}$$

$$C^N(b) \equiv w\{a_y^N(b) + a_z^N(b)\} \tag{15-33}$$

営利企業は、私的財の供給に用いた、質を高めるための生産要素を投入することができるため、費用はその分だけ政府部門よりも低い。

$$C^G(b) > C^F(b), \quad \forall b \geq 0 \tag{15-34}$$

またNPOは、量のための生産要素をボランティアなどを用いて低価格で投入することができるため、費用はその分だけ政府部門よりも低い。

$$C^G(b) > C^N(b), \quad \forall b \geq 0 \tag{15-35}$$

政府部門、営利企業、NPOともに費用関数に関して以下が成立する。

補助定理 15 − 2. 仮定 15 − 3 および 15 − 4 のもとで

$$C^G{}'(b) > 0, \, C^G{}''(b) > 0,$$

$$C^F{}'(b) > 0, \, C^F{}''(b) > 0,$$

$$C^N{}'(b) > 0, \, C^N{}''(b) > 0$$

公共財に対する対価を徴収し、独立採算原理の下での行動について考察する。公共財に対する逆需要関数を、公共財の社会的便益関数 $b(y, a_z)$ の公共財の数量 y についての偏導関数として考える。

$$b_y(y, a_z) \tag{15-36}$$

独立採算原理は、公共財についての収入と支出が一致することなので

$$b_y(y, a_z)y = C(b) \tag{15-37}$$

という制約が満たされるように供給水準が決定される。

　純社会的便益は、公共財による社会的便益の値から、それを実現するための費用を引いた値と定義される。すなわち

$$b_y(y, a_z) - C(b) \tag{15-38}$$

と表される。この純社会的便益を各供給主体について比較する。独立採算の制約である（15-37）式を満たすような、政府部門、営利企業およびNPOの供給による社会的便益の水準をそれぞれ b^{G*}, b^{F*}, b^{N*} とする。

　命題15－4．独立採算原理の下での公共財の社会的便益および社会的純便益は、ともに営利企業あるいはNPOによる供給の方が政府部門による供給よりも大きい。すなわち

$$b^{G*} < b^{F*}, \ b^{G*} - C^G(b^{G*}) < b^{F*} - C^F(b^{F*})$$

$$b^{G*} < b^{N*}, \ b^{G*} - C^G(b^{G*}) < b^{N*} - C^N(b^{N*})$$

　ただし、営利企業とNPOとの比較については、一般に大小関係は確定できない。

政策的含意

　公共財の供給に際し、民間営利企業は、利潤最大化を目的とした私的財

の供給に関して質を高めるために投入した要素を利用することができるとすれば、消費者が財の質をより重視する程、民間企業によって一定予算の下で供給される公共財、ならびに独立採算原理によって供給される公共財に関する社会的便益は増加することが示された。これは社会全体が豊かになり、個人の選好が多様化した時代になればなるほど、営利企業によるフィランソロピー活動の効率性が高まることを意味している。

　営利活動を行っていない民間非営利組織については、ボランティアなどにより、財の量を増加させる要素が比較的低費用で利用可能であれば、政治部門より効率的な公共財の供給が可能となる。

　したがって、どのような組織による公共財の供給が望ましいかは、それぞれの分野の特質、ある意味での成熟の度合いに依存しているといえよう。本稿はきわめて単純なモデルではあるが、NPO法人や企業の社会貢献活動、個人の寄付に対する税制優遇措置に関する問題、あるいは特定分野に対する参入制約に関する問題について、1つの論点を示唆するものといえよう。

参考文献

安藤範親「社会的責任投資（SRI）の現状と課題」『農林金融』2010年10月、22-33頁。

Andreoni, James, "Giving with impure altruism: Applications to charity and Ricardian equivalence", *Journal of Political Economy,* 97, pp1447-1458, 1989.

_____, "Impure altruism and donations to public goods: A theory of warm-glow giving", *Economic Journal* 100, pp464-477, 1990.

_____, "Toward a theory of charitable fundraising", *Journal of Political Economy* 106, pp1186-1213, 1998.

Arrow, Kenneth J., "Optimal and voluntary income distribution", In: *Economic Welfare and Economics of Soviet Socialism: Essays in Honor of Abram Bergson,* Cambridge University Press, pp267-288, 1981.

Becker, Gary. S., "Altruism in the family and selfishness in the market place", *Economica* 48, pp1-5, 1981.

Bergstrom, T., Blume, L., Varian, H., "On the private provision of public goods", *Journal of Public Economics,* 29, pp25-49, 1986.

Clarke, Edward, "Multipart Pricing of Public Goods", *Public Choice* 2, pp19-33, 1971.

Coase, Ronald, The Problem of Social Cost", *Journal of Law and Economics,* 3, pp1-14, 1960.

Defoumy, J. and Nyssens, M., "Conceptions social enterprise and social entrepreneurship in Europe and the United States: convergences and divergences", *Journal of Social Entrepreneurship,* 1:1, 2010.

_____, "The EMES Approach of Social Enterprise in a Comparative Perspective", EMES Working Paper, no 12-03, 2012.

Diamond, Peter, "Optimal tax treatment of private contributions for public goods with and without warm glow preferences", *Journal of Public Economics,* 90, pp897-919, 2006.

Duncan, Brian, "A theory of impact philanthropy", *Journal of Public Economics,* Vol.88, pp2159-2180, 2004.

Feldstein, Martin, "The income tax and charitable contributions: Part I – aggregate and distributional effects", *National Tax Journal*, vol. 28, no.1, pp81-99, 1975.

_____, "The income tax and charitable contributions: Part II –the impact on religious, educational and other organization, *National Tax Journal*, vol. 28, no. 2, pp209-226, 1975.

福澤諭吉『学問のすゝめ　三編』1873年。

_____,『福翁自伝』1899年。

_____,『修身要領』1900年。

_____,『福翁百余話』1901年。

Groves, Theodore, "Incentives in Teams", *Econometrica*, 41, pp617-631, 1973.

本間正明編『フィランソロピーの社会経済学』東洋経済新報社、1993年。

伊吹英子『CSR経営戦略』東洋経済新報社、2005年。

Ismail, Maimunaha, "Corporate responsibility and its role in community development: an international perspective", *Journal of International Social Research*, Vol.2, pp199-209, 2009.

河口洋行『医療の経済学』日本評論社、2009年。

今田忠・林雄二郎編『フィランソロピーの思想』日本評論社、2000年。

Mann, Stefan, "Merit goods in a utilitarian framework", *Review of Political Economy*, Vol.18, iss4, pp509-520, 2006.

松沢成文『教養として知っておきたい二宮尊徳』PHP新書、2016年。

Mercier Ythier, Jean, "The Economic Theory of Gift-giving: Perfect Substitutability of Transfers and Redistribution of Wealth", In: Kolm, S. –Ch. and Mercier Ythier, J. ed. *Handbook of the Economics of Giving, Altruism and Reciprocity,* Volume 1, Elsevier B. V., pp228-369, 2006.

新渡戸稲造『武士道』1900年（奈良本辰也訳、三笠書房、1993年）。

Samuelson, Paul A., "The pure theory of public expenditure", *Review of Economics and Statistics* 36, pp378-389, 1954.

渋澤栄一『論語と算盤』1916年（守屋淳現代語訳、筑摩書房、2010年）。

Shiozawa, Shuhei, "Philanthropy as a Corporate Strategy ", *Japanese Economic Review*,Vol.46, No.4, pp367-382, 1995.

_____, "Philanthropy, NPO, Public Sector and Social Benefit", *Nonprofit Review*, Vol.12, No.1, pp1-8, 2012.

_____, "Enlightened self interest and philanthropic activities by private firms", *Scottish Journal of Arts, Social Sciences and Scientific Studies*, Vol.11, No.1, pp75-86, 2013.

_____, "A microeconomic formulation of social enterprises", *Scottish Journal of Arts, Social Sciences and Scientific Studies*, Vol.18, No.1, pp 12-23, 2014.

_____, "A microeconomic formulation of financial support for cultural and artistic activities", *Scottish Journal of Arts, Social Sciences and Scientific Studies*, Vol.26, No.2, pp 149-167, 2015.

塩澤修平・山内直人編著『NPO 研究の課題と展望 2000』日本評論社、2000年。

塩澤修平・石橋孝次・玉田康成編著『現代ミクロ経済学 中級コース』有斐閣、2006年。

Stiglitz, Joseph. E., *Economics of the public sector*, 3rd ed. W. W. Norton & Company, 2000.

Szymanska, A., Jegers, M., "Modelling social enterprises", *Annals of Public and Cooperative Economics* 87:4, pp 501-527, 2016.

山内直人『ノンプロフィットエコノミー』日本評論社、1997年。

Warr, Peter. G., "Pareto optimal redistribution and private charity", *Journal of Public Economics*, 19, pp 131-138, 1982.

_____, "The private provision of a public good is independent of the distribution of income", *Economics Letters*, 13, pp 207-211, 1983.

Weber, Max, "Die protestantische Ethik und der Geist des Kapitalisums" 1920 (M. ヴェーバー著、大塚久雄訳『プロテスタンティズムの倫理と資本主義の精神』岩波書店、1989年).

Yildrim, Huseyin, "Andreoni-McGuire algorithm and the limits of warm-glow giving", *Journal of Public Economics,* 114, pp 101-107, 2014.

索　引

●著者略歴

塩澤　修平（しおざわ・しゅうへい）

慶應義塾大学経済学部卒。同大学院経済学研究科修士課程修了、米ミネソタ大学にてPh.D.（経済学博士）取得。現在、慶應義塾大学経済学部教授。

パリ政治学院客員研究員、慶應義塾大学通信教育部長、慶應義塾大学経済学部長、内閣府国際経済担当参事官、日本NPO学会理事など歴任。

専門は理論経済学など。

著書に『熟年人生の経済学』（慶應義塾大学出版会）、『現代金融論』（創文社）、『経済学・入門』（有斐閣）、『デフレを楽しむ熟年生活』（講談社）、『説得の技術としての経済学』（勁草書房）、『基礎コース　経済学』（新世社）、『現代ミクロ経済学中級コース』共編著（有斐閣）、『ふるさと投資ファンド』共著（慶應義塾大学出版会）、『基礎から学ぶミクロ経済学』共著（新世社）ほか多数。

社会貢献の経済学——ＮＰＯとフィランソロピー

■発　　行──2018年9月28日
■著　　者──塩澤修平
■発行者──中山元春
■発行所──株式会社 芦書房　〒101-0048 東京都千代田区神田司町2-5
　　　　　　　　　　　　　　 TEL 03-3293-0556／FAX 03-3293-0557
　　　　　　　　　　　　　　 http://www.ashi.co.jp
■印　　刷──新日本印刷
■製　　本──新日本印刷

©2018 Shuhei Shiozawa

本書の一部あるいは全部の無断複写、複製
（コピー）は法律で認められた場合をのぞき、
著作者・出版社の権利の侵害になります。

ISBN978-4-7556-1292-3　C0033